ハローワーク採用の絶対法則

0円で欲しい人材を引き寄せる求人票の作り方

ハローワーク求人専門社会保険労務士
五十川将史
MASASHI IKAGAWA

誠文堂新光社

ハローワーク採用の絶対法則

0円で欲しい人材を引き寄せる求人票の作り方

はじめに

ハローワークでも、欲しい人材を採用できる。いや、ハローワークだからこそ、採用できる人材がいる。

あなたは、「ハローワークでは、〝本当に欲しい〟人材を獲得できない」と思い込んでいませんか？

ハローワークで求人を出しても、「やる気をあまり感じられない方」、「定年間近の方」、「未経験の方」の応募ばかりで、選考や面接をすること自体が時間の無駄だと感じていませんか？　もしかしたらバブル期を超える人材不足の現代においては、ハローワークで人材募集をしても応募そのものがなく、求人費用が無料のハローワークなどではそもそも人材を採用できないと諦めているかもしれません。

現在、私は社会保険労務士として、求人費用が無料のハローワークを徹底活用した中小企業の採用活動をサポートする仕事に携わっていますが、このような考えを持つ社長や採用担当者をたくさん知っています。私も民間の中小企業で採用担当をしていた経験がありますので、その気持ちはよくわかります。

私には約3年間、ハローワークの最前線で、20代の若年者や学生の方の就労支援を中心に、求人の紹介、企業からの求人の受理に携わってきた経験があります。毎日何百枚という求人票に目を通してきました。地元でどうしても働きたいという若者たち、求人広告費をかけたくてもかけられずハローワークで求人を出しているという社長、採用担当者に直接たくさんお会いしてきました。

求人票の内容に関する求職者からの苦情は年間9300件あり、早期退職に至るなど社会的な損失も大きく（厚生労働省「平成28年度ハローワークにおける求人票の記載内容と実際の労働条件の相違に係る申出等の件数」）、社会問題にもなっています。

ハローワークでは、求職者に向けた履歴書、職務経歴書などの応募書類の書き方や面接指導を無料で行っています。しかし、人材を採用しようとする企業に向けた求人票の書き方支援や、ハローワークの活用法についてのサービス提供はほとんどありません。企業の求人リテラシーもまだまだ高いとはいえず、無料で活用できるハローワークに特化した採用支援への社会的なニーズ・期待は大きいと感じています。

本書で公開するノウハウやツールは、意外かもしれませんが現役のハローワーク職員の方にはないものです。かくいう私もハローワークで勤務していた当時は考えもしませんでした。内部にいるからこそわかることもあるのですが、その半面、気づかない価値もあるのです。私はハローワークの外から社会保険労務士として、無料のハローワークを活用してきました。中小企業の採用活動のサポートをしていく中で気づき、編み出したノウハウやツールのすべてを本書で公開します。

本書の内容は、私が同業である社会保険労務士に、5万円を超える有料講座等ですでに200名以上に公開し、DVD化までされたコンテンツを、難しい法律用語などは一切使わず、一般企業の担当者でもわかる「ハローワーク採用の絶対法則」として書き上げました。

私は本書を通じて、社会インフラの1つと言ってもいいハローワークを、もっと有効的に活用して、コストをかけずに求職者と企業の橋渡しをしたいと考えています。地元で働きたいと思っている多くの求職者が、あなたの会社の魅力が伝わる求人票を待っています。応募を決断するための材料となる情報を探しています。

生まれ育ち、慣れ親しんだ地元で働くことができる。

魅力ある地元の企業で働き、都市での生活に負けない豊かな社会生活、家庭生活、人生を送ることができる。

少し大げさですが、本書がそんな大きな価値につながる一助になれば、こんな嬉しいことはありません。

五十川　将史

目次

第2章

初めてハローワークで求人を出す人のための基礎知識

第3章 無料でここまでできる！ハローワーク求人の仕組み 65

第4章 欲しい人材を引き寄せるハローワーク求人票の書き方 103

第5章 ハローワーク採用の絶対法則 161

第6章 他社と圧倒的微差を作る13のポイント

第1章

ハローワークだからこそ、欲しい人材は採用できる

一流のビジネスパーソンも必ずハローワークに登録する

「昔、会社を辞めた後、ハローワークで仕事探しをするつもりはさらさらなかったけど、私もハローワークに行って失業保険をもらったことがある」

ある著名なコンサルタントと本書のテーマについて話をしていた際に、彼はこう言いました。実はこのような方は意外と多いのですが、これには2つの意味が含まれています。

1つ目は、ハローワーク（公共職業安定所）で仕事探しをするつもりはまったくない、ハローワークに出ている求人には期待していない、と考えるビジネスパーソンが多いという現実。

2つ目は、そんな中でも、失業保険（正確には雇用保険の失業等給付の「基本手当」）を受給するためには、退職後にハローワークで申請手続きを行った上で、一定の求職実績（求人への応募、職業相談、セミナー受講等）が必要ということです。

つまり、失業保険を受給するためには、ハローワークで仕事探しをするつもりのないビジネスパーソンも、ハローワークに登録するという現実があるのです。ただし、それらの方々を満足させるだけの求人がハローワークにはない（と思われている）のが課題です。私が本書でハローワーク採用の有用性について皆さんにお伝えすることにしたのは、ハローワークを、「ハローワークに出ている求人には期待していない」という求職者を振り返らせる求人票であふれる場にしたいと思っているからです。

どんなに急いで求人を出したくてもハローワークで求人申込書を書いてはいけない

私は、社会保険労務士として独立開業する前の3年間ほど、地元のハローワークで非常勤職員として勤務していました。「学卒ジョブサポーター」という大学や高校などの新卒者や既卒者に対して就職支援を行う仕事です。

担当者制による就職支援業務が主となっていましたので、担当している求職者にとっての「いい求人票」がないかを、毎日探していました。

ハローワークに出ている求人票を毎日何百枚も目にしてきて、紹介しているうちに、自分なりに、人が集まる求人票とそうでない求人票を見分けることができるようになってきました。

また私が勤務していたハローワークがそれほど規模が大きくなかったこともあり、学卒ジョブサポーターとしての仕事以外にも、求人窓口で、企業の方から求人を受理する仕事もさせていただきました。ここで、経営者や採用担当者の声を直接伺うこともできました。ハローワークの仕事は業務が細分化されており、職業を紹介する人と、求人を受理する人は別であることが多いのですが、その両方を経験することができたのはラッキーでした。

企業からの求人を受理する窓口でよく見かけた光景としては、「求人申込書」をハローワークの記載台で書き始める方が多いということ。これの何が問題かということを説明する前に、初めてハローワークで求人を出すまでの流れについて簡単に紹介します。

①事業所の所在地を管轄するハローワークに足を運ぶ。
②求人申込に必要な「事業所登録シート」、「事業所地図登録シート」、「求人申込書」を受け取り、求人申込についての説明を窓口で受ける。
③「求人申込書の書き方」にある記入例などを見ながら記入する。
④「求人申込書」等をハローワークに持参し、求人窓口で相談、求人申込をする。

皆さんは、「３分間で自己ＰＲをしてください！」と突然振られたら対応できるでしょうか。本書の読者の中には就職活動の面接官としての経験がある方も多いかと思います。採用面接で「自己紹介を３分でお願いします」と伝えたにもかかわらず、自己分析など事前準備もしないままに面接に臨んだ上に、30秒や1分で終わらせる応募者がいたら、「この人は、その程度の意欲しかない」と判断するのではないでしょうか。ハローワーク求人の世界では、立場が逆のことが起きているのです。面接官として皆さんが求職者を見定めているのと同じように、求職者から「その程度の意欲しかない会社」と判断されかねません。ハローワークの窓口でいきなり求人票を書き始めるというのは、このような危険をはらんでいます。

ハローワークの求人票には、何文字記入できるのか

皆さんは、プレゼンテーションにおいて1分間に話す文字数の目安が何文字かご存知でしょうか？　一般的には、１分間３００文字で原稿を作って話すのが良いと言われて

います。それを踏まえた上で、ハローワークの求人票には何文字記入することができるのかといいますと、後にご紹介する主要項目だけでも、９００字以上を記載することができます。つまり、ハローワークの求人票には、３分以上のスピーチに匹敵するだけの情報量を盛り込むことができるのです。

ハローワークの求人票は、365日24時間の自社プレゼンツール

３分以上の自社のＰＲを、３６５日24時間、無料で、全国のハローワークやインターネットでプレゼンし続けることができるのが、ハローワークの求人票です。そうであれば、求人票の作成には相当の準備をして取り組まないといけないと思いませんか？

スピーチを依頼された場合、皆さんはどのように準備をされるでしょうか。私の場合であれば、以下のような手順で考えて準備や練習を行います。

①自分の良さや、他との違いを理解する。
②相手はどんな人なのか、どんなことを求めているのかを探る。

③盛り込む内容を吟味する。
④原稿を作り込む。
⑤タイマーなどで時間を計りながら、3分でまとめる練習をする。

後ほど詳しくご紹介しますが、結論を先に申し上げれば、ハローワークの求人票を作成する場合にもこれと同じことをすればいい、ということになります。

ハローワークの利用者は、1日なんと17万人

2018年3月の有効求人倍率（季節調整値）は1・59倍となっており、求人があっても職種や年齢などで条件が合わない「ミスマッチ失業」は3％程度とされていることから、現在は「完全雇用」状態といえます。

この1年間で、ハローワークの窓口に行かれた方はいらっしゃいますか？　ひと昔前までは、人であふれていました。リーマン・ショックのころなどは、中に入れないくらいの人でしたし、求人情報端末も名前を書いて順番を待っていたほどです。ところが最

近はハローワークに行ってもガランとしています。そんな状況でもハローワークの利用者はどれぐらいいるかご存知ですか？　1日なんと17万人もいるというのですから驚きです（〔図1－1〕厚生労働省「公共職業安定所（ハローワーク）の主な取組と実績」【平成29年7月発表】）。

もちろん、この人数には求職者以外の方も含まれていますし、皆さんが事業を営む地域でどれぐらいの利用者がいるのかは、最寄りのハローワークで確認が必要です。ともあれ、この後ご紹介させていただきますが、ハローワークで求人を出せば全国のハローワークの窓口だけでなく、インターネット上でも公開されることになりますので、毎日17万人以上の利用者に告知できる可能性が広がっているのです。

毎年、ハローワークにおける職業紹介実績が公表されていますが、平成28年度の新規求職者数は、少なくなってきてるとはいえ518万9000人で、就職件数は162万7000人。求人件数、会員数ともにトップクラスの転職サイト「リクナビＮＥＸＴ」は、リクルート社の発表によると会員数が701万人（2017年4月末現在）とありますので、ハローワークの求職者数は一民間企業より少ないように見えます。

図1-1　ハローワークにおける職業紹介実績

ハローワークでは、働く希望を持つ若者・女性・高齢者・障害者をはじめとする全ての国民の就職実現のための支援、求職者各々の置かれた状況に応じた取組を積極的に実施　　**※１日の利用者数　約１７万人（推計）**

			25年度	26年度	27年度	28年度
一般職業紹介	新規求職者数（常用（パートタイム含む））（万人）		620.0	583.8	550.6	518.9
	新規求人数（常用（パートタイム含む））（万人）		852.2	886.6	923.3	973.4
	就職件数（常用（パートタイム含む））（万人）		189.5	180.5	171.2	162.7
雇用保険	受給資格決定件数（万件）		166.6	156.5	149.1	140.8
者	フリーター等の正社員就職（万人）		30.1	31.1	32.6	30.8
女性	母子家庭の母の就職件数（万人）		9.9	9.4	9.0	8.3
	マザーズハローワーク事業（子育て女性等を支援）の就職件数（万人）		7.2	7.6	7.5	7.4
高齢者	60歳以上の就職件数（万件）		20.7	21.1	21.4	21.8
障害者	就職件数（万件）		7.8	8.5	9.0	9.3
	実雇用率(民間企業　50人以上規模（平成24年までは56人以上規模））（%） ※各年とも6月1日現在		1.76	1.82	1.88	1.92
生活保護受給者等	生活保護受給者等就労自立促進事業（生活保護・児童扶養手当受給者、生活困窮者等） ※平成24年度までは「福祉から就労」支援事業	支援対象者数（万人）	8.9	10.9	12.1	12.3
		就職件数（万人）	5.4	7.0	8.0	8.2
雇用調整助成金等	休業等実施計画届受理状況	計画届受理事業所数（万件）	17.2	2.4	2.3	2.0
		対象者数（万人）	319.7	36.4	41.3	37.3

出典：厚生労働省「公共職業安定所（ハローワーク）の主な取組と実績 」（平成29年7月発表）

しかし、リクナビNEXTはインターネット上だけで登録ができ、一方、ハローワークの場合は、ハローワークの窓口に直接足を運んで、手書きで「求職申込書」を書く必要があること、さらに、ハローワークは年間の新規求職者であるのに対して、リクナビNEXTはサービス開始（2001年）からの累計会員数であることを鑑みますと、単純に比較することはできません。

ハローワークの年間就職件数が162万7000人とご紹介しましたが、この数字も多いのか少ないのかわかりづらいと思いますので、少し古いデータ（図1－2）となりますがご紹介します。

これは就職先への入職経路を表していますが、ハローワークは就職者数のおよそ2割となっています。「たった2割か」ということもできますが、他社がまだ対策を打っていない手つかずの2割です。162万7000人に対して、他社に先んじて手を打つことができるのは価値があると思いませんか？

図1-2　入職者の入職経路（転職ルート）

入職者の経路別をみると、最も高いのは広告で約3割を占めるが割合は低下している。最近では、ハローワークインターネットサービスが増加している。

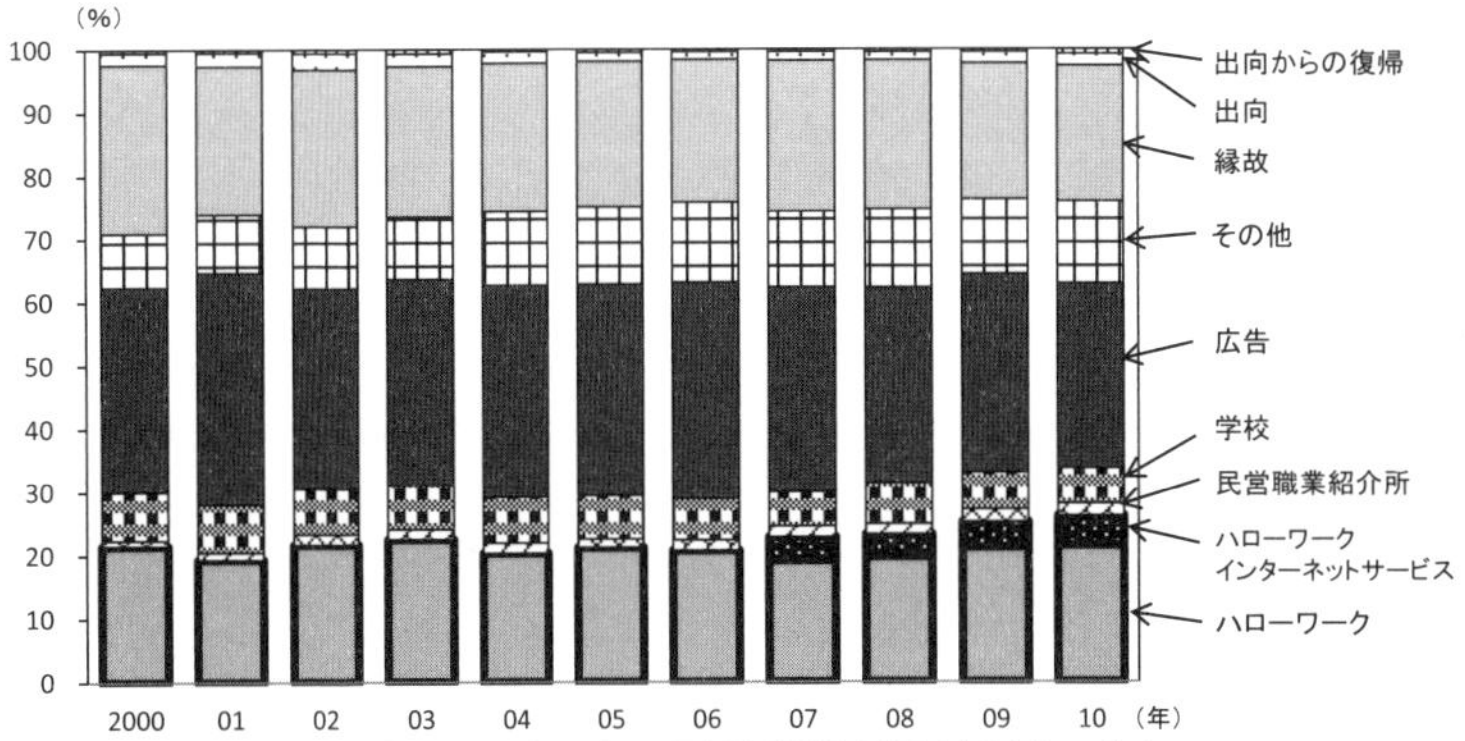

資料出所　厚生労働省「雇用動向調査」をもとに厚生労働省労働政策担当参事官室にて作成

（高まる入職者のハローワーク経由率）

○入職者の入職経路の構成比をみると、2010年で最も高いのは「広告」（29.2%）で約３割を占めるが、その割合は2000年代前半より低下している。一方で最近では、「その他」（商工会議所、地方公共団体の広報又は地方公共団体の職業紹介等も含む）と「ハローワークインターネットサービス」の割合が上昇している。「ハローワーク」経由は、2000年以降２割前後で推移しており、「ハローワークインターネットサービス」を合わせたハローワーク利用の入職者は2010年には26.2%となった。

○転職入職者の入職経路についても、2010年で「広告」（27.4%）が最も高いものの、「ハローワーク」（24.1%）と「ハローワークインターネットサービス」（4.8%）を合わせたハローワークの利用は28.9%となっている。

○転職入職者で入職者全体よりもハローワークが利用される要因としては、前職がある者には雇用保険受給者が多いことが考えられる。ハローワークの就職件数が伸びていること等も併せ、ハローワークの労働力需給調整機関としての機能は、近年は少しずつ高まってきている。

出典：厚生労働省「雇用動向調査」

ハローワークの求人票の現実。だから欲しい人は集まらない

ここまでのお話だけでも、「ハローワークって意外と使えるかも?」って思っていただけたかもしれません。

ただ、皆さん、ハローワークで他社の求人票をご覧になったことはありますか? なぜこのような質問をしたかといいますと、他社の求人票どころか、ハローワークの求人票を一度も見たことがない、ということもよくあるからです。

民間企業が作成する求人広告とは違い、求人申込書などに記入してハローワークの求人票を作成するのは、あくまで各事業所なのです。しかし、その事業所の担当者が、地域の同業他社の求人票、条件はどのようになっているのか、ハローワークの求人票が、そしてハローワークでの求人の仕組みがどのようになっているのかを知らずに戦っていることが多いのが現状です。

極端な話ではなく、必要最低限の情報だけを記載した(図1-3)のような求人票がハローワークにはあふれています。

皆さま方の事業所が、誰もが知るような会社であれば、もしかしたらそれでも問題な

図1-3　必要最低限の情報が記載されたよくあるハローワークの求人票

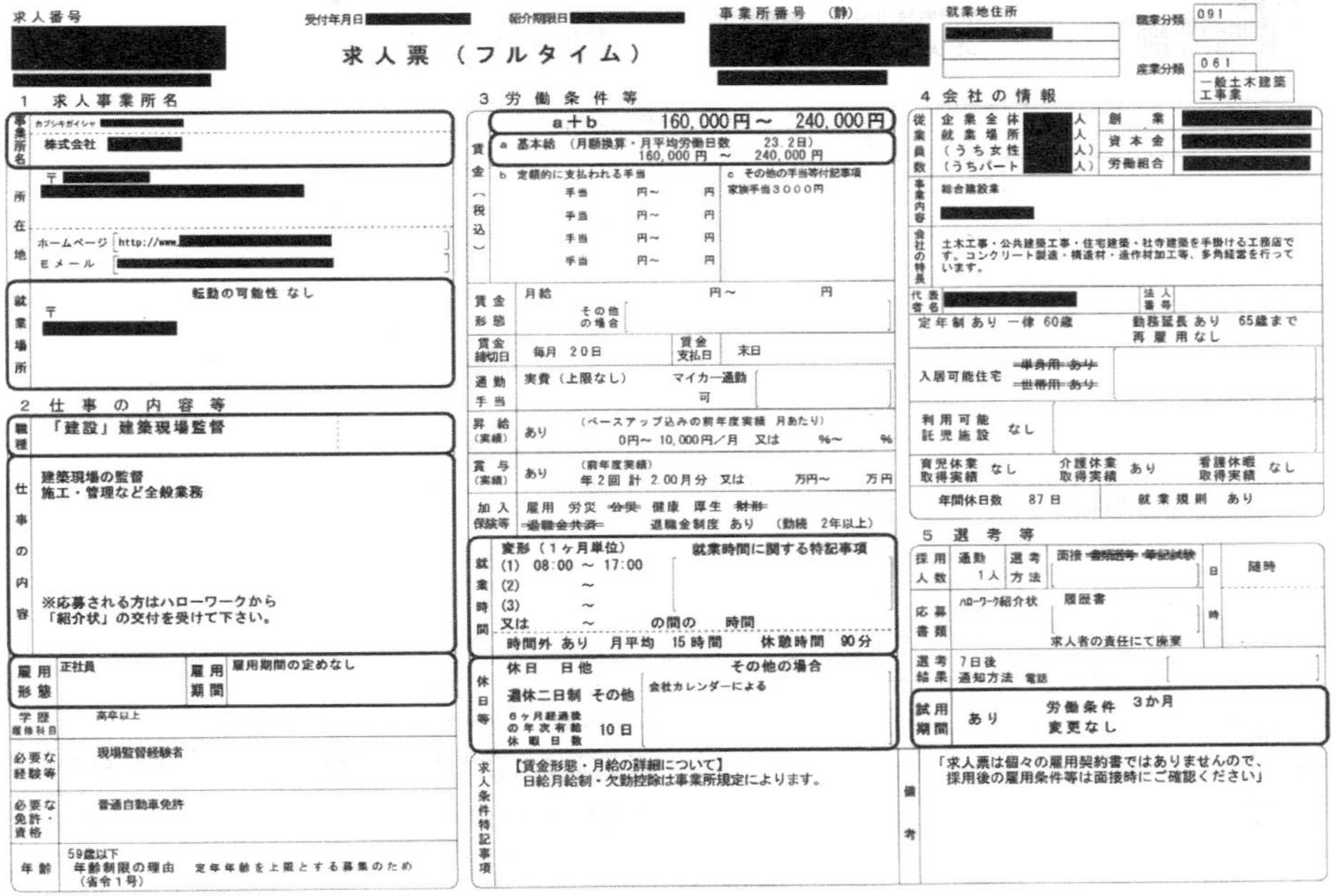

求人番号 [redacted]
受付年月日 [redacted]　紹介期限日 [redacted]
求人票（フルタイム）
事業所番号（静）[redacted]
就業地住所 [redacted]
職業分類 091
産業分類 061 一般土木建築工事業

1　求人事業所名

事業所名：カブシキガイシャ [redacted]／株式会社 [redacted]

所在地：〒 [redacted]／ホームページ http://www.[redacted]／Eメール [redacted]

就業場所：転勤の可能性 なし／〒 [redacted]

2　仕事の内容等

職種：「建設」建築現場監督

仕事の内容：建築現場の監督／施工・管理など全般業務／※応募される方はハローワークから「紹介状」の交付を受けて下さい。

雇用形態：正社員　雇用期間：雇用期間の定めなし

学歴 履修科目：高卒以上

必要な経験等：現場監督経験者

必要な免許・資格：普通自動車免許

年齢：59歳以下　年齢制限の理由　定年年齢を上限とする募集のため（省令1号）

3　労働条件等

賃金（税込）：a＋b　160,000円～　240,000円
a 基本給（月額換算・月平均労働日数　23.2日）160,000円～　240,000円
b 定額的に支払われる手当：手当 円～ 円／手当 円～ 円／手当 円～ 円／手当 円～ 円
c その他の手当等付記事項：家族手当3000円

賃金形態：月給 円～ 円／その他の場合

賃金締切日：毎月 20日　賃金支払日：末日

通勤手当：実費（上限なし）　マイカー通勤 可

昇給（実績）：あり（ベースアップ込みの前年度実績 月あたり）0円～ 10,000円／月　又は　%～　%

賞与（実績）：あり（前年度実績）年2回 計 2.00月分　又は　万円～　万円

加入保険等：雇用 労災 ~~公災~~ 健康 厚生 ~~財形~~／~~退職金共済~~　退職金制度 あり（勤続 2年以上）

就業時間：変形（1ヶ月単位）(1) 08:00 ～ 17:00／(2) ～／(3) ～／又は ～ の間の 時間
就業時間に関する特記事項
時間外 あり　月平均 15時間　休憩時間 90分

休日等：休日 日他　週休二日制 その他　6ヶ月経過後の年次有給休暇日数 10日
その他の場合：会社カレンダーによる

求人条件特記事項：【賃金形態・月給の詳細について】日給月給制・欠勤控除は事業所規定によります。

4　会社の情報

従業員数：企業全体 [redacted] 人／就業場所 人／（うち女性 人）／（うちパート 人）
創業 [redacted]　資本金 [redacted]　労働組合 [redacted]

事業内容：総合建設業 [redacted]

会社の特長：土木工事・公共建築工事・住宅建築・社寺建築を手掛ける工務店です。コンクリート製造・構造材・造作材加工等、多角経営を行っています。

代表者名 [redacted]　法人番号
定年制 あり 一律 60歳　勤務延長 あり 65歳まで　再雇用 なし

入居可能住宅：~~単身用 あり~~／~~世帯用 あり~~

利用可能託児施設：なし

育児休業取得実績 なし　介護休業取得実績 あり　看護休暇取得実績 なし

年間休日数 87日　就業規則 あり

5　選考等

採用人数：通勤 1人　選考方法：面接 ~~書類選考~~ ~~筆記試験~~　日時：随時

応募書類：ハローワーク紹介状　履歴書　求人者の責任にて廃棄

選考結果：7日後　通知方法 電話

試用期間：あり　労働条件 3か月 変更なし

備考：「求人票は個々の雇用契約書ではありませんので、採用後の雇用条件等は面接時にご確認ください」

出典：ハローワーク

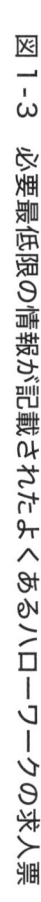

いかもしれません。ただ残念ながら、「誰もが知るような会社」のほうが、得てして丁寧に魅力的な求人票を作っているものです。人が集まる事業所とそうでない事業所の二極化はこうして広がっていくのかもしれません。

ハローワークでも経営幹部や高度専門職が採用できる

本章（第1章）の最初に、一流のビジネスパーソンも必ずハローワークに登録する、ということを紹介させていただきました。このような意味からも、ハローワークでも経営幹部は採用できる可能性があるといえます。

ただ、中小企業にとって大手企業を経験したような「一流のビジネスパーソン」が果たして、自社にとって本当に有益な人材なのかは検討が必要です。大手企業出身者という肩書だけでは、中小企業で期待通りの成果を上げられずにつまずいてしまうケースがあることは、私だけでなく、皆さんも感じていられることでしょう。

現在の経営幹部の入社経路を聞いてみると、ハローワーク経由で、入社時は業界未経験者だったということが中小企業ではよくあることです。つまり、経験者＝即戦力ということでも、未経験者＝未来の経営幹部というわけでもなく、採用と育成はセットで考えることが、特に中小企業では求められています。

それではハローワークで高度専門職の方の採用はどうでしょうか？　結論から申し上げれば、薬剤師や建築士のような職種の方もハローワークで採用できます。実際に採用できています。確かにこれらの高度専門職のほうが、ハローワークで仕事探しをする方は限定的かもしれませんが、だからといって、まったくいないというわけでもありません。例えば、次の表（図1－4）にて、医師、薬剤師等で見てみましょう（「医師」は求人・求職者ともにほとんどないので、ここでは「薬剤師」とする）。

表には就職件数9件という実績が上がっています。有効求人倍率も5・01と、決して低い数字ではありませんが、ハローワークを通じて薬剤師が求職活動を行っています。資格試験の「記念受験」の方が多いように、ハローワークの求人票にそれほど対策をしていない企業は非常に多く、実質的な求人倍率はもっと低いと考えれば、なおさらです。

以前、薬剤師の採用のお手伝いをしていた際に、あるハローワークで薬剤師の求職者数を調べてみたことがありました。すると男性の求職者はいませんでしたが、女性の求

図1-4　愛知県におけるハローワークでの薬剤師の就職件数

職業別・年齢別職業紹介状況(パートタイムを含む常用)

(平成30年3月)

	新規求人数	月間有効求人数	新規求職申込件数	月間有効求職者数	紹介件数	就職件数	新規求人倍率	有効求人倍率
	(人)	(人)	(件)	(人)	(件)	(件)	(倍)	(倍)
管理的職業	201	560	63	231	129	19	*3.19*	*2.42*
専門的・技術的職業	8,950	29,406	2,523	10,229	3,122	1,097	*3.55*	*2.87*
開発技術者	581	1,915	126	546	173	32	*4.61*	*3.51*
製造技術者	224	702	250	980	125	34	*0.90*	*0.72*
建築・土木技術者等	981	2,859	109	455	147	42	*9.00*	*6.28*
情報処理・通信技術者	950	2,975	171	808	263	47	*5.56*	*3.68*
その他の技術者	30	134	22	75	33	16	*1.36*	*1.79*
医師、薬剤師等	190	696	27	139	19	9	*7.04*	*5.01*
保健師、助産師等	1,782	5,912	471	1,734	486	176	*3.78*	*3.41*
医療技術者	731	2,399	144	493	147	40	*5.08*	*4.87*
その他の保健医療	383	1,210	141	564	139	29	*2.72*	*2.15*
社会福祉の専門的職業	2,011	6,467	389	1,716	706	279	*5.17*	*3.77*
美術家、デザイナー等	185	595	142	744	202	18	*1.30*	*0.80*
その他の専門的職業	902	3,542	531	1,975	682	375	*1.70*	*1.79*

(注) 1　各欄の数値は、原数値である。
　　 2　平成24年4月分から平成23年6月改定の厚生労働省編職業分類に基づく表章。

出典：愛知労働局　求人求職バランスシート（平成30年3月分）

職者は3名いることがわかりました。求人申込をした後に職業紹介窓口の職員の方にお話をしたところ、この3名のうちの1名の方の支援をしていることがわかり、後日紹介していただくことができました。

このように薬剤師のような専門職の方もハローワークに登録されているのです。実際にはハローワークインターネットサービス等を通じて、この何倍かの方が探していると考えるだけで、採用できそうな気分にもなってきます。

他社がハローワークの価値に気づく前の、今こそチャンス

実は、先に挙げたような専門職のほうが、採用に成功するのではないかと思うことがあります。それはなぜかといいますと、ハローワークにおいては専門職の求人票のほうが「手つかず」の場合が多いのです。

その理由は、以下のようなものが考えられます。

・そもそもハローワークで採用できるとは期待していないので、対策を取っていないい

企業が多い。

・専門職を採用する事業所（士業事務所や設計事務所など）は小規模の場合が多く、採用担当者などもいないため、求人票の内容を精査することも少なく、事務の方が指示を受けた必要最低限の情報と条件を記載しているだけの求人票が多い。

専門職を例に挙げましたが、その他多くの業種・職種の求人票も同様に対策が取られていません。特に人材不足が深刻で、その対策に最も力を入れているはずの医療・福祉や不動産・建設・設備業界においても同じなのです。

ハローワークにおける求人の仕組みやハローワークの求人票がまさに「ブラックボックス」のようにその仕組みがわからず、対策を打つことができていないのです。

次章から、このブラックボックスの中身をひとつひとつ解明していくことにします。

第2章

初めてハローワークで求人を出す人のための基礎知識

初めての求人票を作成するときに必要なのはこの3枚

すでに第1章にて、求人申込に必要な「事業所登録シート（図2－1）」、「事業所地図登録シート（図2－2）」、「求人申込書（図2－3）」を受け取って記入することをご紹介しました。求人申込にはこの3枚が必要となります。

具体的な記入方法は、ハローワークでこれらのシートと一緒に手渡される「求人申込書の書き方」などに記載してあり、記入例を参考にすることで、これらの3枚のシートを埋めることはできます。

お世辞抜きに、ハローワークで配布されているこれらのパンフレットは非常に出来がいいと思っています。本書を読まなくても素晴らしい求人票が出来上がるでしょう。しかし皆さん、電化製品を購入した際に、取扱説明書をご覧になりますか？　初期設定に必要な最低限の部分にだけ目を通す、という方も多いのではないでしょうか。

図 2-1　事業所登録シート

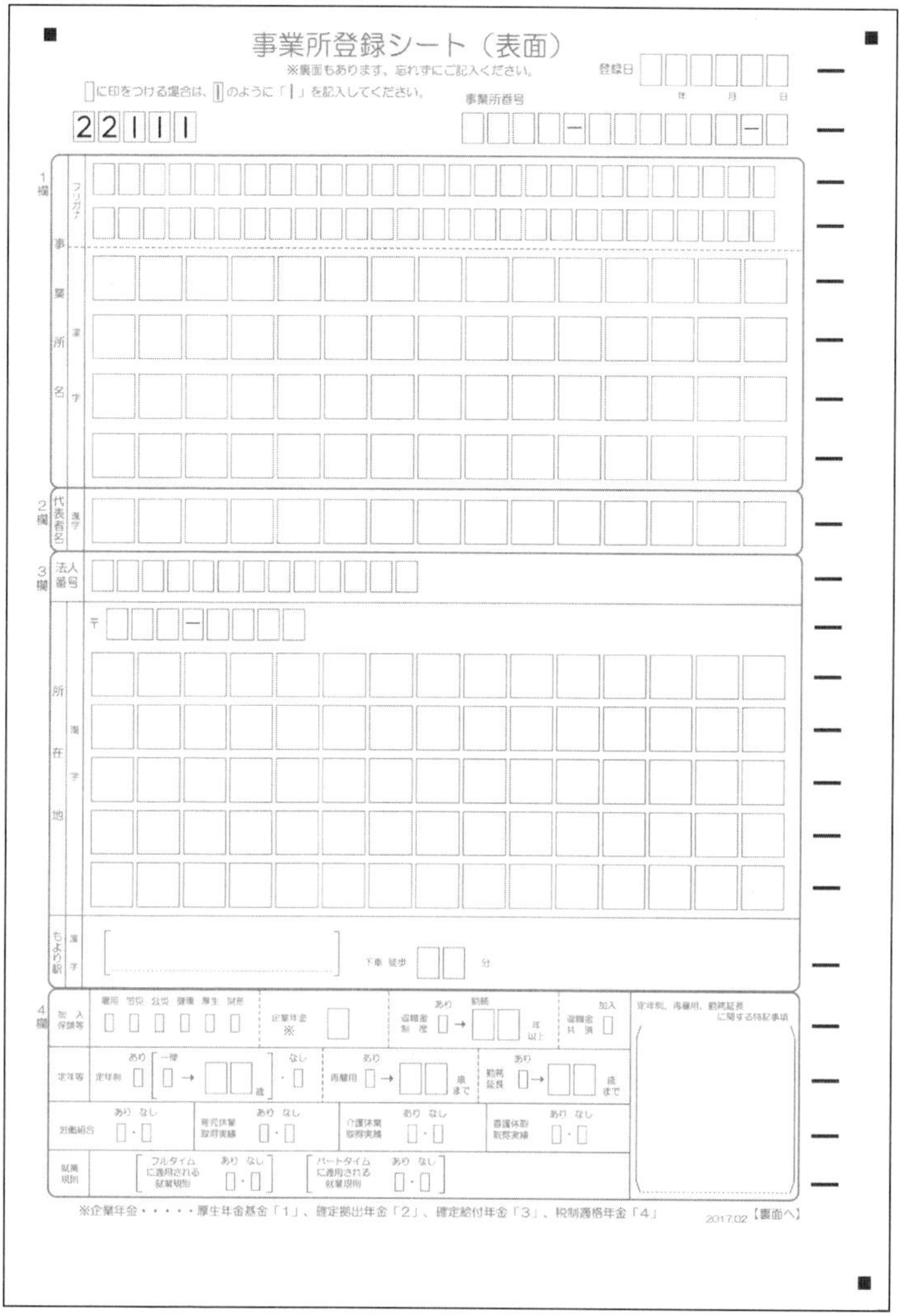

出典：ハローワーク

図 2-2　事業所地図登録シート

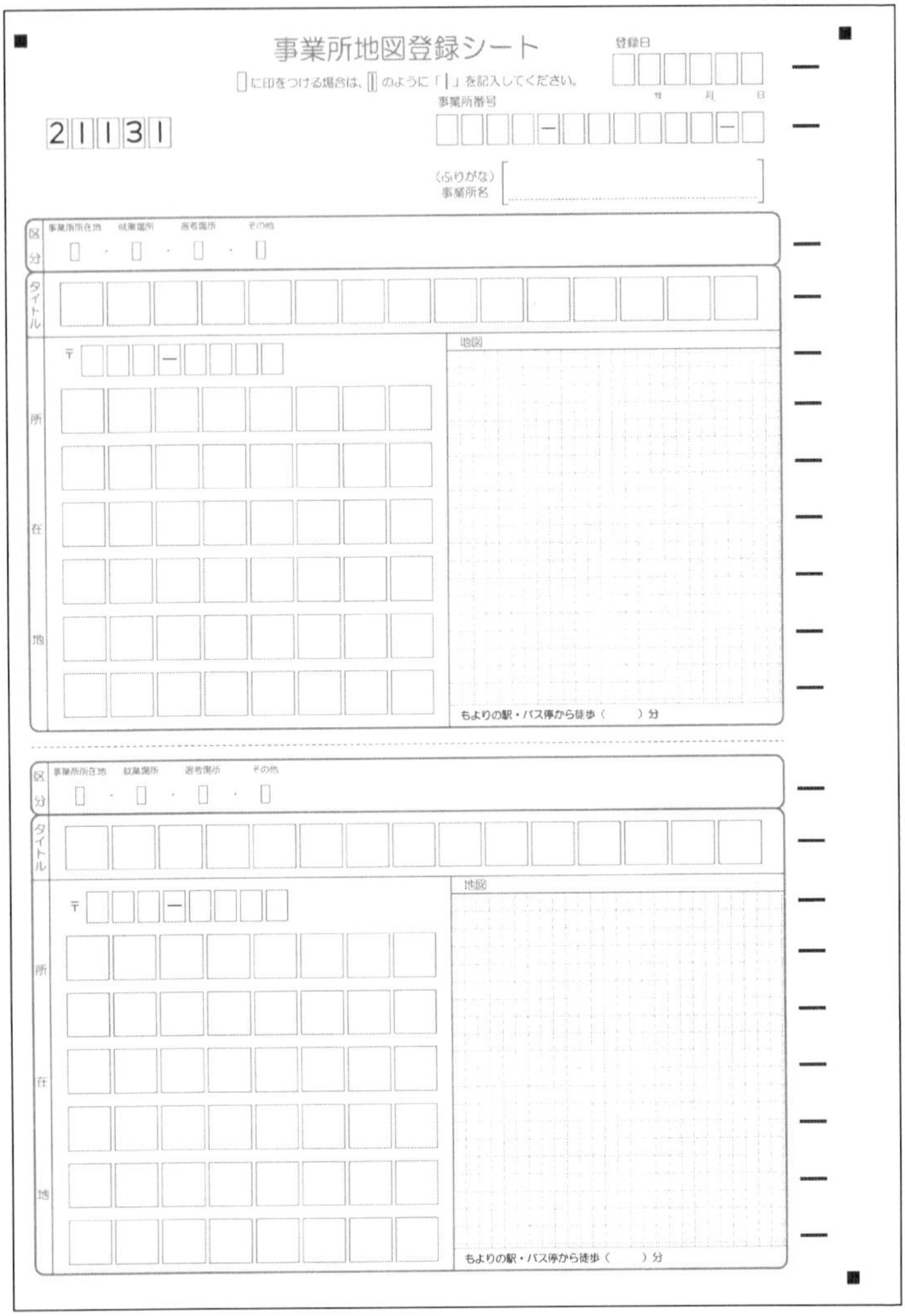

事業所地図登録シート

登録日　年　月　日

□に印をつける場合は、□のように「|」を記入してください。

21131

事業所番号

（ふりがな）
事業所名

区分　事業所所在地・就業場所・選考場所・その他

タイトル

〒

所在地

地図

もよりの駅・バス停から徒歩（　　）分

区分　事業所所在地・就業場所・選考場所・その他

タイトル

〒

所在地

地図

もよりの駅・バス停から徒歩（　　）分

出典：ハローワーク

図2-3　求人申込書

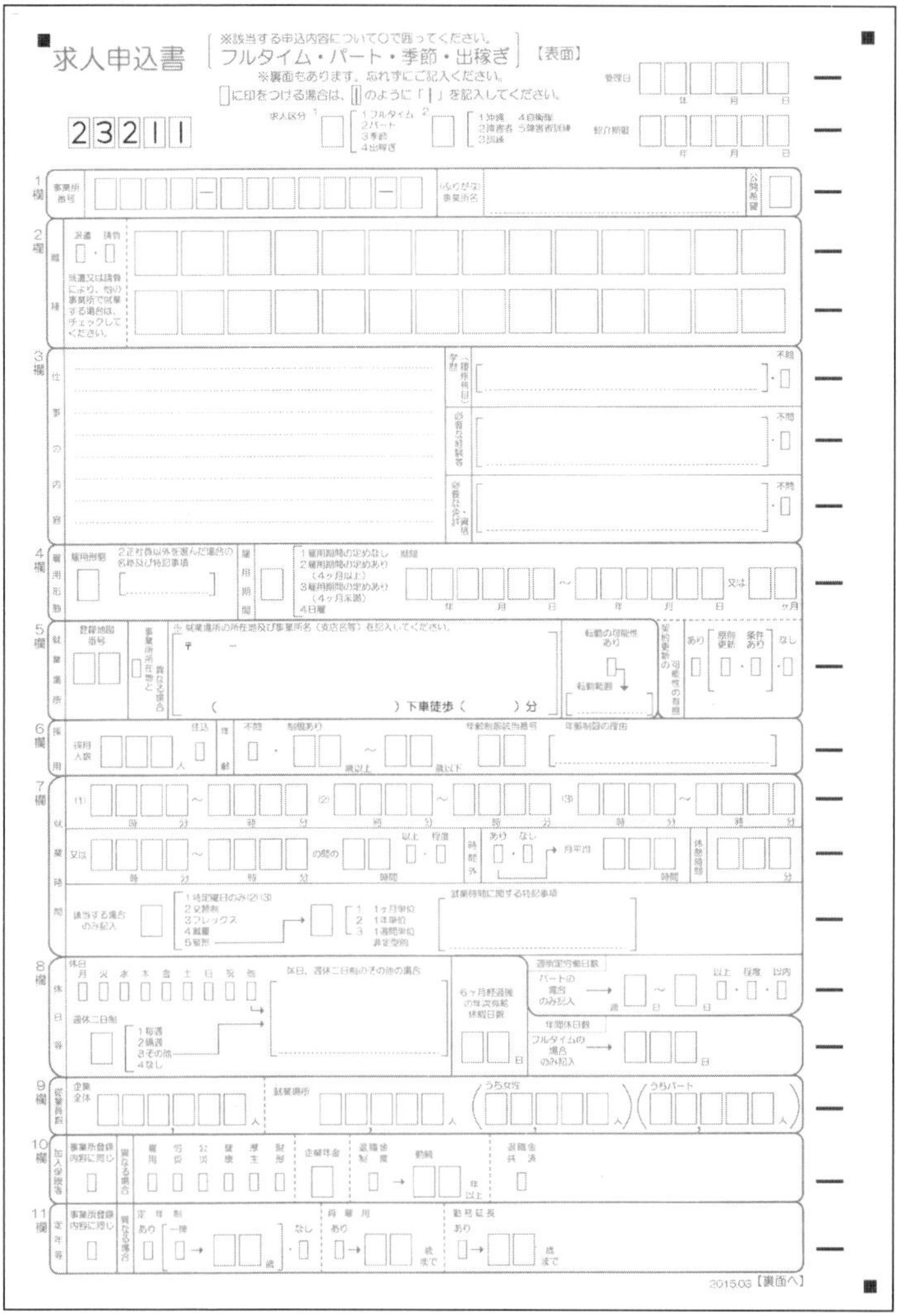
求人申込書　［※該当する申込内容について○で囲ってください。 フルタイム・パート・季節・出稼ぎ］【表面】
※裏面もあります。忘れずにご記入ください。
□に印をつける場合は、[|]のように「|」を記入してください。
23211
求人区分　1フルタイム　2パート　3季節　4出稼ぎ
1沖縄　2障害者　3訓練　4自衛隊　5障害者訓練
受理日　年　月　日
紹介期限　年　月　日
1欄　事業所番号　ふりがな　事業所名　公開希望
2欄　職種　派遣　請負　派遣又は請負により、他の事業所で就業する場合は、チェックしてください。
3欄　仕事の内容　学歴（履修科目）　不問　必要な経験等　不問　必要な免許・資格　不問
4欄　雇用形態　2正社員以外を選んだ場合の名称及び特記事項　雇用期間　1雇用期間の定めなし　2雇用期間の定めあり（4ヶ月以上）　3雇用期間の定めあり（4ヶ月未満）　4日雇　期間　年　月　日　～　年　月　日　又は　ヶ月
5欄　就業場所　登録地図番号　事業所所在地と異なる場合　就業場所の所在地及び事業所名（支店名等）を記入してください。〒　（　）下車徒歩（　）分　転勤の可能性あり　転勤範囲　契約更新の可能性の有無　あり　原則更新　条件あり　なし
6欄　採用　採用人数　人　住込　年齢　不問　制限あり　歳以上　～　歳以下　年齢制限該当番号　年齢制限の理由
7欄　就業時間　(1)　時　分　～　時　分　(2)　(3)　又は　～　の間の　時間　以上　程度　時間外　あり　なし　月平均　時間　休憩時間　分
該当する場合のみ記入　1特定曜日のみ(2)(3)　2交替制　3フレックス　4裁量　5変形　1　1ヶ月単位　2　1年単位　3　1週間単位非定型的　就業時間に関する特記事項
8欄　休日等　休日　月　火　水　木　金　土　日　祝　他　休日、週休二日制のその他の場合　週休二日制　1毎週　2隔週　3その他　4なし　6ヶ月経過後の年次有給休暇日数　日　週所定労働日数　パートの場合のみ記入　週　日　～　日　以上　程度　以内　年間休日数　フルタイムの場合のみ記入　日
9欄　従業員数　企業全体　人　就業場所　人　うち女性　人　うちパート　人
10欄　加入保険等　事業所登録内容に同じ　異なる場合　雇用　労災　公災　健康　厚生　財形　企業年金　退職金制度　勤続　年以上　退職金共済
11欄　定年等　事業所登録内容に同じ　異なる場合　定年制　あり　一律　歳　なし　再雇用　あり　歳まで　勤務延長　あり　歳まで
2015.03【裏面へ】

出典：ハローワーク

先日、ある中小企業の事業主さんに本書でお伝えするような内容のお話をしていた際に、「どうしてハローワークはこういう有益な情報を隠して、我々に教えてくれないのか?」とお叱りにも近いご質問をいただきました。

私は「今日お話しさせていただいた内容であれば、ハローワークで渡されるパンフレットにも書いてありますよ(図2-4)(図2-5)(図2-6)」とお伝えしたのですが、「そんなパンフレットはもらっていない」とおっしゃるので、その会社のハローワーク関係の書類のファイルを拝見すると、丁寧に綴《と》じてありました。

取扱説明書のように、皆さん、求人申込書の記入に必要な最低限の部分に目を通すだけですので、これも致し方ないことだと思っています。

本書に目を通された後に、ハローワークのパンフレットをご覧ください。きっと、そのパンフレットの価値が何倍にも思えてくることでしょう。

ここまでは、ハローワークで配布される「求人申込書の書き方」等のパンフレットの良さ、有効性をお伝えしましたが、大きなデメリットもあります。それはこの「求人申込書の書き方」等の記入例に影響されすぎる、という点です。求人申込書の記入例につ

図2-4 「求人申込書の書き方」（表紙）

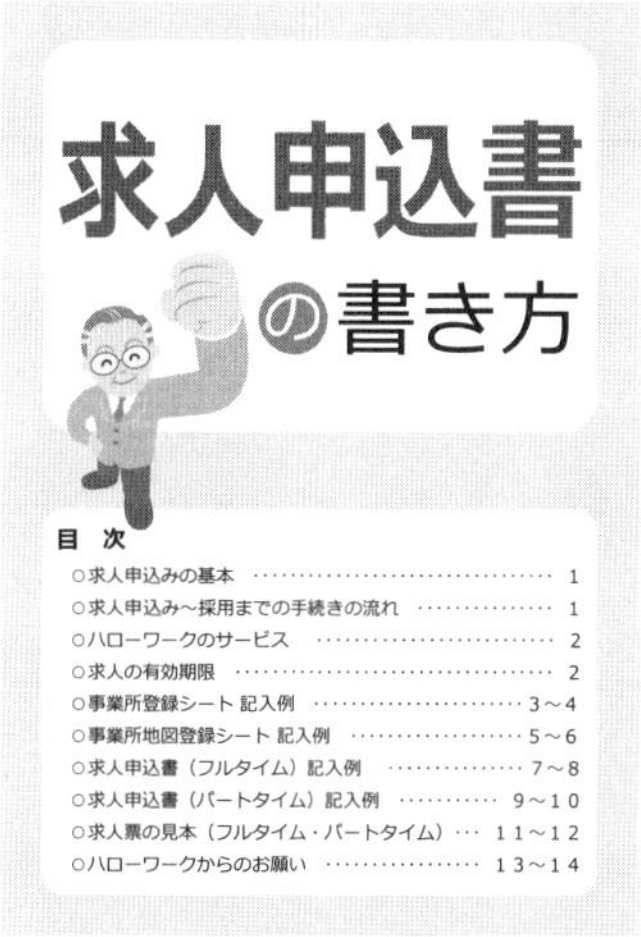

出典：ハローワーク

図2-5 「応募したくなる求人へ!!」（表紙）

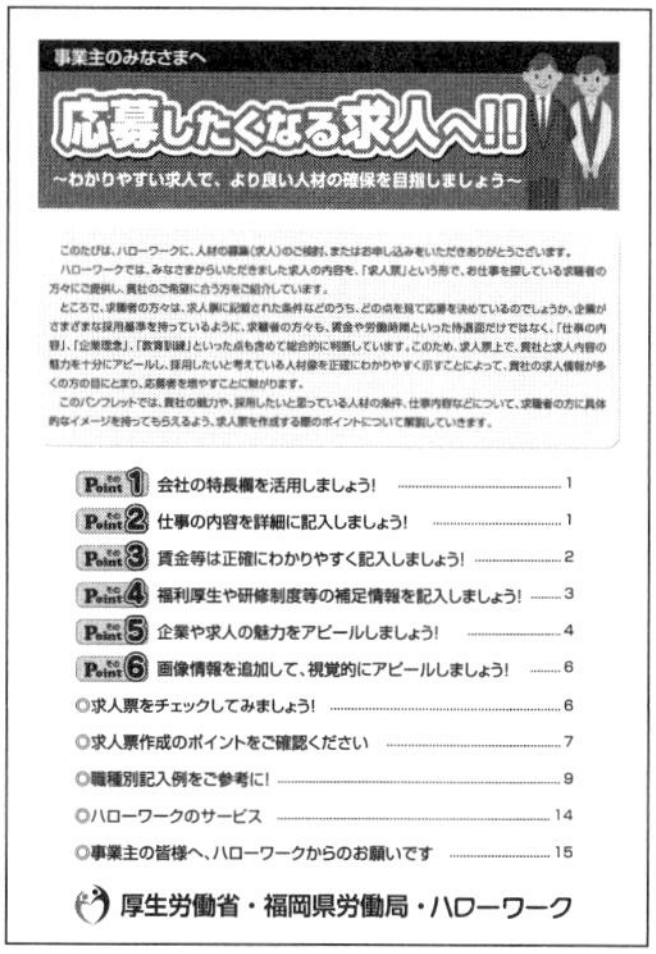

出典：ハローワーク

図2-6 「福祉・介護分野の求人票を見直してみませんか？」（表紙）

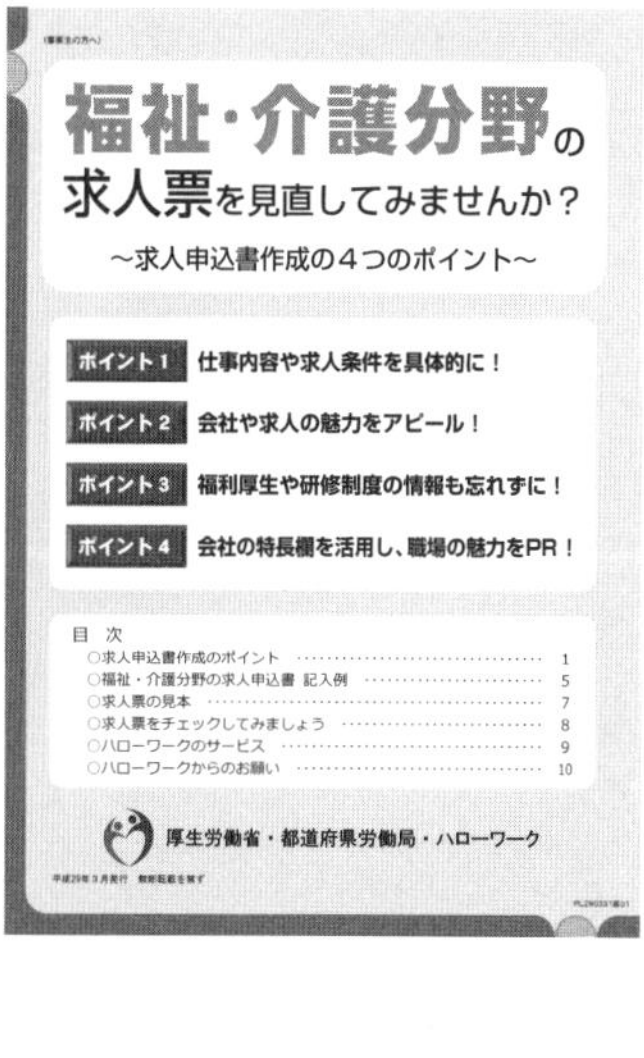

出典：ハローワーク

いて解説した他の事例がないため、多くの求人票が、「求人申込書の書き方」等に記載されている記入例を見ながら作成され、どこか同じような文面となってしまうのです。また、第1章で他社の求人票を見たことがない方が多いと書きましたが、これも記入例の影響が強くなってしまう要因と考えられます。もっと言えば、窓口で求人票の記入方法をアドバイスするハローワークの職員も強く影響を受けていると考えられます。なぜなら、事業所の方から「何かいい記入方法はありませんか?」と求められれば、これらのパンフレットを基にしながら説明することが多いのです。

なお、よく「ハローワークで求人を出すと、どの地域まで公開されるの?」、「ハローワークごとに出す必要があるの?」というご質問をいただきますが、事業所所在地を管轄するハローワークに受理されますと、同時に全国のハローワークで公開されることになります。ハローワークごとに提出する必要はありませんので、ご安心ください。ただし、後にご紹介する「リクエスト」という制度を使用する場合は、各ハローワークに直接赴く必要があるので注意が必要です。

ハローワークの求人票で唯一手書きの部分と、その意外な重要性

ハローワークの求人票で唯一手書きのまま掲載される部分をご存知ですか？　それは、求人票裏面の地図です。具体的には「事業所地図登録シート（図2－7）」に記載する、就業場所や選考場所を登録する部分となります。

自社で作製した地図であればコピー用紙等に印刷してそのまま使用できますが、そうでなければ著作権法に違反することになりますので、Googleやゼンリン、道路地図等の地図製作業者の地図をコピーして使用することはできません。ということは、多くは手書きで地図を描くことになると思います。では、なぜここが意外に重要なのかといいますと、この手書きの地図を見て応募するのをやめた、という求職者に私自身がハローワークの窓口で何人も会ってきたからです。

どうして手書きの地図ぐらいで応募するのをやめてしまうことがあるのか、疑問に思われるかもしれませんが、求人側も逆の立場で同じことをしている場合があります。

それは、応募者の手書きの履歴書です。「字は性格を表す」と言われるように、筆跡

図 2-7　求人票の裏面（事業所地図登録シート）

求人番号
13010-　231401

受付年月日 平成22年12月27日　紹介期限日 平成23年2月28日

求人票（パートタイム）

事業所番号
1301-911127-0

⑱

事業所名
カブシキガイシャ ハローワークショウジ
株式会社　ハローワーク商事

就業場所までの地図（もより駅・バス停からの道順）

○○ショッピングセンター
〒 999-0000
○○県△△市☆☆町4－1
○○ショッピングセンター地下1F

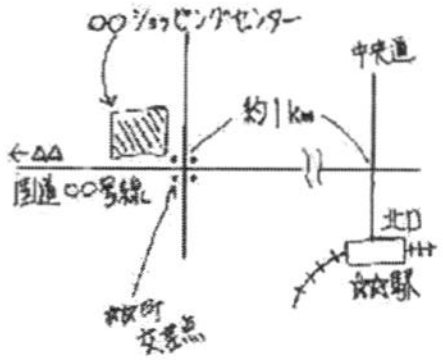

もよりの駅・バス停から徒歩（15）分

選考場所までの地図（もより駅・バス停からの道順）

本社
〒 999-9999
○○県○○市△△区☆☆町一丁目－23－4
ハロービル3階

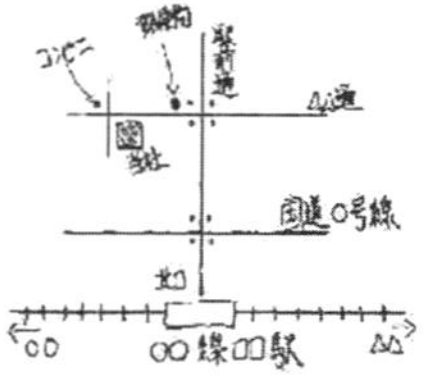

もよりの駅・バス停から徒歩（5）分

担当者
課係名／役職名
デリカ部採用担当
氏名
しんでん みねこ
新田　三根子
TEL 99-9999-9999　内線
FAX 99-9999-9999
Eメール
saiyo@hello-ws.xxx

求人条件に関する注意事項
・この求人票の内容は、事業主の方が明示した募集条件です。採用時の賃金・労働時間等の労働条件については、事業主の方と再度確認してください。
・加入保険、定年、有給休暇日数につきましては、雇用条件により適用されない場合があります。

出典：ハローワーク

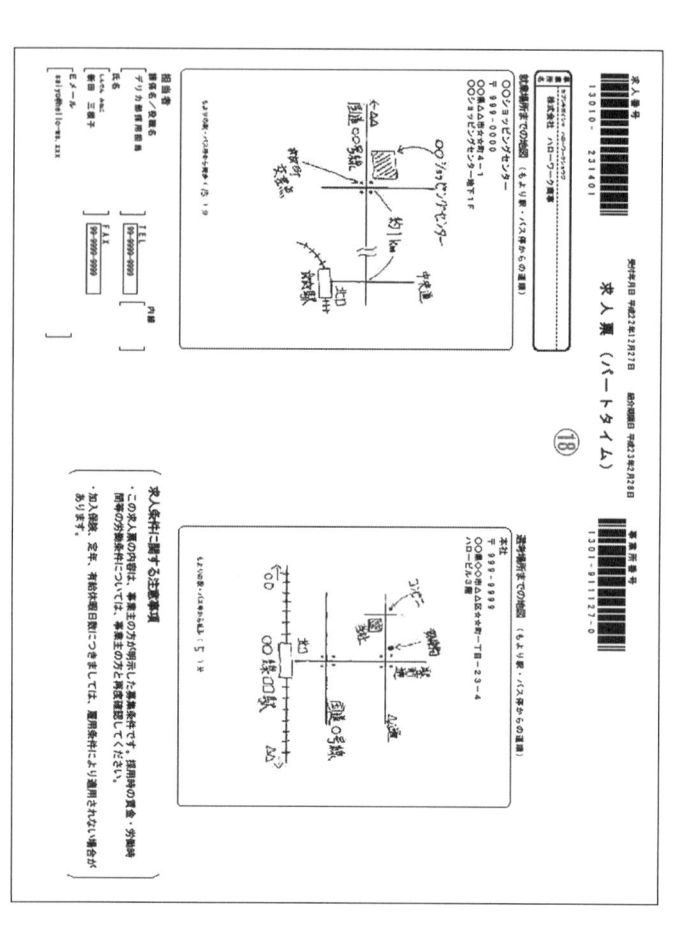

が人となりを判断する助けになると考える企業であれば、手書きの履歴書の提出を求めて、それを採否の判断材料の1つとしていることでしょう。

常識のある人か、丁寧な仕事をする人かどうか、真剣な思いで応募してきた人かどうか、履歴書の文面や見栄えから読み取ろうとするはずです。

求人票の中身はもちろんですが、手書きの地図を雑に描いていると、求職者から「選別」されてしまっているかもしれません。

余談になりますが、私の妻が職探しをしているときに、私がこの会社がいいんじゃないかとすすめた求人票に対して、「地図が汚くて、なんとなく嫌」と言われたことも強く印象に残っています。女性は感覚的ということもありますが、こういったひとつひとつの細かいところでの減点を防ぐことの重要性を、教えられた気がします。

ハローワーク職員によるアナログな求人情報提供も侮れない

ハローワークにおける求人情報提供の方法には、どのようなものがあるでしょうか。

①求人情報端末による情報提供

ハローワーク内に設置されたタッチパネル式の求人情報端末で、求職者が自分で操作して求人を探すことができます。ちなみに前文で「求職者が」と書きましたが、実は求職者以外でも閲覧が可能です。かくいう社会保険労務士である私もハローワークに行くと、いつもこの求人情報端末で求人を検索しています。私がハローワークで求人を検索するときには、特に社会保険労務士であることを名乗ったりはしていません。おそらく受付の方は私を求職者だと思っていることでしょう。

さて、求職者限定というハローワークも一部あるようですが、多くのハローワークでは、受付で「求人票検索をお願いします」と申し出ることで簡単に利用が可能です。私の場合は、「フリーワード検索をしたいのですが」と窓口でお願いしています。ハローワークによりますが、キーボードを使ったフリーワード検索に対応した求人情報端末が利用できる場合があります。会社名や職種名などのワードを入力して求人票を検索することができるので、競合他社の求人票をピンポイントで探すこともできます。

例：フリーワード入力時に「太陽光」と入力した上で、「営業」職で検索をすると、
太陽光発電を扱う営業の求人だけが検索できる。

②ハローワークインターネットサービスでの情報提供

ハローワークに申し込まれた求人票は、先に述べたハローワーク内の求人情報端末で公開されますが、希望によりハローワークインターネットサービスでも情報提供することができます。もちろん、有料のオプションということではなく、すべて無料です。また、「希望により」と書いた通り、希望しない場合は掲載しないことも選択できます。

ハローワークインターネットサービスでの公開方法は、以下の中から選ぶことになります。

- 求人事業所の名称等を含む求人情報を提供

ハローワーク内の求人情報端末と異なった書式となりますが、ほぼ同等の情報量の求人情報がインターネット上で閲覧できます。

- ハローワークに求職申込済みの者に限定して求人事業所の名称等を含む求人情報を提供

ハローワークに求職登録している方が、ハローワークインターネットサービスの検索をする際に、ハローワークカードに記載されている求職番号を入力することで求人情報を閲覧できます。正式にハローワークで求職登録をして仕事を探している方にだけ公開されます。

・求人事業所の名称等を含まない求人情報を提供

ハローワークでの求職登録の有無等にかかわらず、事業所の名称等の求人事業所を特定しない情報のみが公開されます。なお、事業所の名称等とは、「事業所名」、「代表者名」、「法人番号」、「所在地」、「電話番号」、「FAX番号」となります。特定されたくない場合は、その他の箇所に前述の項目の内容などを盛り込まないことが必要です。

・求人情報を提供しない

前述の「求人情報を提供しない」を加えると、インターネットでの公開希望を以上の4つから選ぶことになります。

無料でインターネットにも掲載できるのであれば、掲載しない手はないのではないかと考える方もいらっしゃるかと思いますが、インターネットに掲載することによるデメリットもあります。

掲載を希望しない企業の多くは、インターネットで事業所名等を公開すると、求職者だけでなく、派遣会社や人材紹介会社、求人誌等の営業担当者も確認できるという状態になり、過去にさまざまな営業で業務に支障が出た苦い経験があることが多く見受けられます。

しかし、２０１７年の完全失業率は２・８％と前年比０・３ポイント低下し、低下は７年連続で１９９３年（２・５％）以来、24年ぶりの低水準となっています。

わざわざハローワークに出向いて仕事探しをしている方は、年々少なくなっているのが現状です。土曜日や夜間に開庁しているハローワークも一部にあるものの、多くのハローワークの開庁時間は、平日の８時30分から17時15分まで。在職中に転職活動をしようとしている方は、ハローワークに一般的に足を運びにくいものです。

スマホやパソコンなどにより、自宅や外出先で仕事探しをしている方が多くなっている昨今の状況も勘案すると、「ハローワークインターネットサービスに掲載しない」という選択をすることは、大きな機会損失といえます。確かにインターネットで事業所名等を公開するデメリットはあるものの、ハローワークで仕事探しをする方の減少やスマートフォンやパソコンで仕事探しをするというスタイルへの対応を考えると、「求人事業所の名称等を含む求人情報を提供」とすることをおすすめします。

「インターネットハローワークサービス」に公開する副次的な効果として、テレビCMでもおなじみとなった「Indeed」にもハローワークの求人が無料で掲載されるようになります。Indeedとは、2012年9月にリクルートに買収された、同社の完全子会社で、リクナビやマイナビなどの求人情報サイトや、企業のオフィシャルサイト、ハローワークなどに掲載された、あらゆる採用・求人情報をまとめて検索できるサイトを運営しています。Indeedには他の有料求人情報サイトやスポンサー求人情報も多数掲載されていることからライバルも多いですが、Indeedでの掲載も意識してハローワークの求人票を作成することで、レバレッジを効かせることが期待できます。

求人の責任者に電話がかかってきて業務に支障が出ることを緩和する手段として私がよく利用しているのは、求人票の裏面に表示される担当者名を社長や責任者ではなく、その他の担当者の方にしておくという方法です。ハローワークからの応募があった場合のみに社長や責任者に取り次ぐという方法でフィルターをかけることで、幾分緩和することができます。

ハローワークに求人を出しているが応募がなくて困っているという事業所の方に、「なぜインターネットで公開しないのですか」と確認すると、「公開はしたことはないが営業電話がかかってくるらしいので」、「なんとなく」非公開を選んでいらっしゃることが多いものです。一度公開したものの、業務に多大な支障をきたして看過できないという場合には、変更にあたっては、ハローワークに電話やFAXで申し出ることで、申し出た翌日から簡単に変更できますので、ぜひ一度チャレンジしてみてください。

そのほかにもハローワークでは求人情報誌の作成や配布による情報提供、また、職員による職業相談時における情報提供において、ハローワークの求人票を求職者に提供しています。

③職業相談時における情報提供

ハローワークから応募してきた求職者に、求人票を見つけた最初のきっかけを聞いてみると、「ハローワークの職員さんに紹介された」という事業所の話をいくつも聞いたことがあります。

「何かいい求人はありませんか？」

私がハローワークの窓口にいるときに求職者からよく聞かれた質問です。以前は自分でまったく何も求人検索をせずに、いきなり窓口で質問される方もいらっしゃいましたが、最近はスマートフォンやパソコンでお目当ての求人を検索し、求人番号を控えた上でハローワークに来所される方が多くなっています。そのような方でも、自分が見落としている優良な求人はないか？　ハローワークの職員としておすすめの求人票はないか？　といった視点で尋ねられるのです。

私は、ハローワークに勤務していたとき、そのようなご質問をいただいた場合に応えられるように、おすすめできそうな求人票を日々探していました。20代の若年者や学生の就労支援も行っていましたので、個別支援している方を思い浮かべながら、次回来所された際にご紹介できるような求人票も探していたものです。つまり、求人票というのは、求職者が見るだけではなく、その就職を支援しているハローワークの職員も見ている、という視点が必要になってくるのです。ハローワークの職員が見て理解できない、魅力を感じない求人票では積極的な紹介には結びつかないのです。

④求人情報誌の作成・配布による情報提供

ハローワークの入口に目をやると、フルタイム／パート別、職種別、業種別など求職者向けに作成した求人情報誌（図2－8）が配布されています。リーマン・ショックのころには配布するとすぐになくなっていたものですが、最近はそんなこともありません。スマホ時代に紙の情報誌なんて時代遅れ、などと思われるかもしれません。確かにそれも一理ありますが、一定の需要はまだあります。

職種別や業種別に一覧として作成してあるものは、それらのカテゴリーに関心のある方であればピンポイントに届く可能性があります。例えるなら、電子辞書と違い、紙の辞書は1つ何かを調べると、その同じページにある言葉との「偶然の出会い」がありま す。この「偶然の出会い」にも似たような、紙の求人情報誌による求職者との「偶然の出会い」が起こるかもしれません。しかし、運に身を委ねるのは危険でもあります。「偶然」の確率を高めるには、どうすればよいでしょうか。それは、求人を出すハローワークの求人情報誌の種類、掲載方法、掲載サイクル等について調べることです。求人情報誌がどのように運用されているかを知ることで対策が打てるようになります。

図 2-8　ハローワーク品川の求人情報

港区・品川区フルタイム求人情報
事務系職種（11月22日～11月28日）11月29日発行

ハローワーク品川
（品川公共職業安定所）
℡ 03-5419-8609

◎ 詳しい内容を知りたい方、面接を希望される方はハローワークの紹介窓口へお問い合わせください。
◎ 面接にはハローワークが発行する紹介状が必要です。
◎ ハローワークでは随時紹介を行っておりますので、この求人の中でもすでに決定済となっている場合があります。その際はあしからずご了承ください。

職種	年齢・採用人数 週休二日・休日	賃金・求人番号	求人者名・所在地・就業場所・最寄駅	就業時間	加入保険等	必要な免許資格 経験等
営業事務 正社員 雇用期間の定めなし	59歳以下 1人 毎週 土日祝他	月給 182,000円～ 220,000円 13040-[redacted]	[redacted] 株式会社 [redacted] 就業場所：東京都港区　／　従業員数：[redacted]人 最寄駅：JR新橋駅下車徒歩[redacted]	(1) 9時00分～17時45分	雇用・労災・健康・厚生	事務経験2年以上
一般事務 正社員 雇用期間の定めなし	不問 1人 隔週 水他	月給 190,000円～ 230,000円 13040-[redacted]	[redacted] 就業場所：東京都港区　／　従業員数：[redacted]人 最寄駅：表参道駅　徒歩[redacted]	変形（1ヶ月単位） (1) 9時30分～18時30分 (2)14時30分～21時30分	雇用・労災・健康・厚生	パソコン操作（ワード、エクセルを使っての入力）
WEBシステムデータ入力業務 正社員 雇用期間の定めなし	40歳以下 2人 毎週 土日祝他	月給 190,000円～ 300,000円 13040-[redacted]	[redacted]株式会社 [redacted] 就業場所：東京都港区　／　従業員数：[redacted]人 最寄駅：品川駅　徒歩[redacted]	(1) 9時00分～18時00分	雇用・労災・健康・厚生	不問
物流貿易カスタマーサービス／正社員 正社員 雇用期間の定めなし	不問 1人 毎週 土日祝他	月給 230,000円～ 280,000円 13040-[redacted]	[redacted]株式会社 [redacted] 就業場所：東京都港区　／　従業員数：[redacted]人 最寄駅：東京メトロ日比谷線　神谷町駅下車　徒歩[redacted]分	(1) 9時00分～18時00分	雇用・労災・健康・厚生	＊英語（苦手意識が無いこと） ＊PCスキル初級（エクセル、ワード、パワーポイント）
一般事務 正社員 雇用期間の定めなし	64歳以下 1人 毎週 土日祝他	月給 180,000円～ 250,000円 13040-[redacted]	[redacted] 就業場所：東京都港区　／　従業員数：[redacted]人 最寄駅：JR新橋駅／東京メトロ　虎ノ門駅　徒歩[redacted]分	(1) 9時00分～17時30分	雇用・労災・健康・厚生	簿記検定（日商3級） PC（ワード・エクセル）ができる
管理補佐業務 正社員 雇用期間の定めなし	59歳以下 1人 毎週 土日祝他	月給 203,700円～ 228,380円 13040-[redacted]	[redacted]株式会社 [redacted] 就業場所：東京都品川区　／　従業員数：[redacted]人 最寄駅：JR線　品川駅　徒歩[redacted]分	(1) 9時00分～18時00分	雇用・労災・健康・厚生	営業事務、管理業務経験者を優遇いたします。 簡単なPCスキル必須。
医療事務 正社員 雇用期間の定めなし	59歳以下 1人 毎週 日祝他	月給 210,000円～ 270,000円 13040-[redacted]	[redacted] 就業場所：東京都港区　／　従業員数：[redacted]人 最寄駅：御成門駅　徒歩[redacted]分	(1) 8時15分～17時15分	雇用・労災・健康・厚生・財形	医療事務 パソコン使用経験（オルカ経験者尚可）
一般事務 正社員 雇用期間の定めなし	不問 1人 毎週 他	月給 220,000円～ 310,000円 13040-[redacted]	株式会社 [redacted] 就業場所：東京都港区　／　従業員数：[redacted]人 最寄駅：銀座線　虎ノ門駅　徒歩[redacted]分	(1) 9時00分～18時00分	雇用・労災・健康・厚生	パソコン操作
経理スタッフ 正社員 雇用期間の定めなし	59歳以下 1人 毎週 土日祝他	月給 200,000円～ 280,000円 13040-[redacted]	[redacted]株式会社 [redacted] 就業場所：東京都品川区　／　従業員数：[redacted]人 最寄駅：東急目黒線　不動前駅下車　徒歩[redacted]分	(1) 8時45分～17時45分	雇用・労災・健康・厚生・財形	経理事務経験
販売事務 正社員 雇用期間の定めなし	59歳以下 1人 毎週 土日祝他	月給 210,000円～ 250,000円 13040-[redacted]	株式会社 [redacted] 就業場所：東京都港区　／　従業員数：[redacted]人 最寄駅：JR浜松町駅　徒歩[redacted]／[redacted]	(1) 9時00分～18時00分	雇用・労災・健康・厚生	事務職経験必須（あれば尚可）弥生販売、Excel、Word
健診事務（健診センター） 正社員 雇用期間の定めなし	64歳以下 1人 その他 日祝他	月給 206,000円～ 251,000円 13040-[redacted]	[redacted]病院 [redacted] 就業場所：東京都[redacted]　／　従業員数：[redacted]人 最寄駅：[redacted]	変形（1ヶ月単位） (1) 9時00分～17時15分 (2) 8時30分～16時45分 (3) 9時00分～12時15分	雇用・労災・健康・厚生・財形	不問
一般事務及び経理会計事務 正社員 雇用期間の定めなし	59歳以下 1人 毎週 土日祝他	月給 280,000円～ 280,000円 13040-[redacted]	[redacted] 株式会社 [redacted] 就業場所：東京都港区　／　従業員数：[redacted]人 最寄駅：東京メトロ銀座線　外苑前駅　徒歩[redacted]	(1) 9時00分～17時00分	雇用・労災・健康・厚生	・パソコン入力できる方（ワード・エクセル） ・英語の書類を確認できる方

出典：ハローワーク品川にて配布されていた求人情報誌

例えば、

- 求人情報誌の締日や発行日のサイクル、求人情報誌の上位に掲載されるのは新着順かどうかなどの仕組みがわかれば、いつ求人を出すのが効果的なのかわかります。
- 求人情報誌に掲載される求人情報の項目がわかれば、どの項目の記載、表現方法に注力すれば効果的かがわかります。職種別の求人情報誌が作成されているのであれば、その求人情報誌では同じ職種の求人一覧となりますので、同じ職種の中で、他社との違い、魅力をどのように伝えることが良いかが見えてきます。

余談になりますが、先日、あるガン患者さんの就労支援をさせていただいた際に、スマートフォンやパソコンを使いこなせず、またハローワークの雰囲気にも馴染《なじ》めないため、就職活動がままならないというご相談を受けました。そこで、この求人情報誌を紹介したところ、「ハローワークにはそんなサービスもあるんですね。助かります」と大変喜んでいらっしゃいました。意外なところで、求人情報誌の価値を教えていただきました。

採用してすぐに「騙された」と言われないための給料の表示方法

本書では、ほとんど労働基準法や職業安定法、男女雇用機会均等法など求人募集や採用に関わる法令については説明していません。もちろん法令を無視しているわけでも軽視しているわけでもありません。法令を無視したり軽視した求人票では、法令違反ということ以前に、世間から「ブラック企業」の烙印《らくいん》まで押されかねず、求人募集の本来の目的である優秀な人材の採用やその後の定着はおぼつきません。

ここでは、求人申込書で注意していただきたい固定残業代（みなし残業）についてご紹介します。

固定残業代は、その運用方法について大きな社会問題になっています。平成30年1月1日施行の職業安定法改正では、固定残業制は労働時間数と金額の計算方法、固定残業代を除外した固定給の額、固定残業時間を超えた労働時間、休日労働、および深夜労働についての割増賃金を追加で支払うことを明示することが必要となりました。（図２－９）に実際の記載例をご紹介します。

記載例（図2－9）の企業では固定残業代を「過勤手当」と言っています。「過勤手当は時間外労働の有無にかかわらず、固定残業代として支給、32時間を超える時間外労働分は法定どおり追加で支給」、と記載することによって求人を出すことができます。ハローワークの窓口でも確認されているのですが、「過勤手当」や「業務手当」、「営業手当」といった名称の場合や、そもそも基本給に組み込まれている場合には、見逃されているケースも散見されます。

ハローワークの窓口で見落とされたのか、求人事業所が窓口で虚偽の申し出をしたのか定かではありませんが、採用してすぐに「騙《だま》された」と言われないためには、隠さずに記載すべきです（図2－10）。隠すということは公開したくない後ろめたい気持ちがあるからだと思いますが、求職者に公開できないような制度や実態であれば早晩変えていかなければならないでしょう。とはいえ、実務的にすぐに制度や実態を変えることは難しいでしょうから、まずは率直に伝えた上で、他の魅力や目指す未来を語って補っていく姿勢が重要かと思います。

図 2-9　求人票への固定残業代の記載例

3　労　働　条　件　等　　　　地方自治体、民間人材ビジネス共に不可

賃金（税込）		
	a＋b　185,000円～ 246,500円	
	a　基本給　（月額換算・月平均労働日数　21.5日） 150,000 円　～　200,000 円	
	b　定額的に支払われる手当	c　その他の手当等付記事項
	過勤　手当　35,000円～ 46,500円	住宅手当２～４万円 家族手当１万円／１人当たり
	手当　円～　円	過勤手当は時間外労働の有無にかかわらず固定残業代として支給し、３２時間を超える時間外労働分は法定どおり追加で支給
	手当　円～　円	
	手当　円～　円	

出典：顧問先の求人票

図 2-10　固定残業代を賃金に含める場合の適切な表示について

若者の募集・求人の申込みをお考えの事業主の皆さまへ
職業紹介事業者の皆さまへ

固定残業代※**を賃金に含める場合は、**
適切な表示をお願いします。

※「固定残業代」とは、その名称にかかわらず、**一定時間分の時間外労働、休日労働および深夜労働に対して定額で支払われる割増賃金**のことです。

近年、募集要項や求人票の「固定残業代」を含めた賃金表示をめぐるトラブルが見受けられます。若者が就職先の企業を選択する際には、正確な労働条件の表示が重要であり、「若者雇用促進法」に基づく指針でも、「固定残業代」について適切な表示をするよう定めています。

事業主の皆さまには、求人・募集の段階で、指針を踏まえた「固定残業代」の明示をしっかり行っていただき、また、職業紹介事業者の皆さまも、求人を受け付ける際は明示が適切になされるように働きかけをお願いいたします。

固定残業代制を採用する場合は、募集要項や求人票などに、次の①～③の内容すべてを明示してください。

① 固定残業代を除いた基本給の額
② 固定残業代に関する労働時間数と金額等の計算方法
③ 固定残業時間を超える時間外労働、休日労働および深夜労働に対して割増賃金を追加で支払う旨

▶ 時間外労働について固定残業代制を採用している場合の記載例
① **基本給**（××円）（②の手当を除く額）
② **□□手当（時間外労働の有無にかかわらず、○時間分の時間外手当として△△円を支給）**
③ **○時間を超える時間外労働分についての割増賃金は追加で支給**

【注意点】※「□□」には、固定残業代に該当する手当の名称を記載します。
※「□□手当」に固定残業代以外の手当を含む場合には、固定残業代分を分けて記載してください。
※ 深夜労働や休日労働について固定残業代制を採用する場合も、同様の記載が必要です。

【参考】**青少年の雇用機会の確保及び職場への定着に関して事業主、特定地方公共団体、職業紹介事業者等その他の関係者が適切に対処するための指針（抜粋）**
第二の一（一）ヘ
青少年が応募する可能性のある募集又は求人について、一定時間分の時間外労働、休日労働及び深夜労働に対する割増賃金を定額で支払うこととする労働契約を締結する仕組みを採用する場合は、名称のいかんにかかわらず、一定時間分の時間外労働、休日労働及び深夜労働に対して定額で支払われる割増賃金（以下このへにおいて「固定残業代」という。）に係る計算方法（固定残業代の算定の基礎として設定する労働時間数（以下このへにおいて「固定残業時間」という。）及び金額を明らかにするものに限る。）、固定残業代を除外した基本給の額、固定残業時間を超える時間外労働、休日労働及び深夜労働分についての割増賃金を追加で支払うこと等を明示すること。

厚生労働省・都道府県労働局・ハローワーク
LL281209派若01

出典：厚生労働省

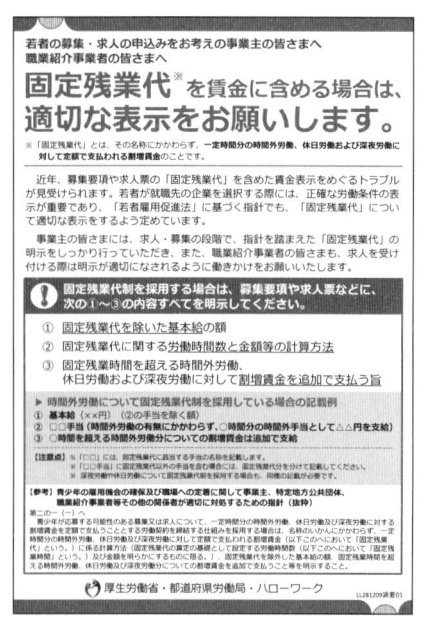

ハローワークの仕組みを悪用する会社は求職者からもハローワーク職員からも嫌われる

本書でもハローワークの仕組みや制度をご紹介していますが、これらを悪用または濫用することによって、制度が不正に利用されてしまう場合があります。例えば、ハローワークの求人情報端末やハローワークインターネットサービスで求人検索をした際に表示される求人情報一覧は、求人受理日の新しい順に上位に表示されます。つまり求人を出してから日が経つにつれて一覧表の後ろになっていきます。常に上位に掲載されることを目的に、意図的に求人を取り下げた上で、再度求人が出される場合があります（ハローワークによっては、一度取り下げた求人の場合は先の求人の有効期限（求人受理日の翌々月末日）まで新規扱いとならない場合もあるようです）。

求人を取り下げる場合には、採用が決まったなど正当な理由が必要となり、説明を求められることもあります。ただハローワークで求人を見ていると、不思議といつも上位に掲載される企業があります。

求人企業としては目立つ場所に掲載されることから採用に有利なのではないかと考え

られますが、目立つということはメリットばかりではありません。というのも、私も窓口にいたときに紹介した求人に対して、「ここの会社、いつも求人出してますよね？何か問題のある会社なんですか？」と言われることが度々ありました。

また、ハローワークの職員としてはどうでしょうか。職員が利用するハローワークシステムの端末では、事業所ごとに求人別の応募者数や採用数などの状況を確認することができます。つまり、意図的に求人の取り下げと再掲載を繰り返している事業所は一目瞭然なのです。ハローワークシステムについてもっと言えば、ハローワークに寄せられたその事業所に対する求職者からのクレームや注意事項などがあれば見ることもできます。「求人受理日の新しい順に表示される」という仕組み1つとっても、悪用する会社は求職者からもハローワーク職員からも嫌われることをご理解いただけるのではないかと思います。

求職者視点で考える「採用結果通知」の書き方

ハローワークを通じて応募される求職者には、ハローワークから「紹介状」（図2－11）が発行されます。これには求職者の名前や受ける企業名や応募職種が載っています。

この紹介状は、ハローワーク側がどの求職者にどの企業を紹介したのかを把握できるようにするためのもので、ハローワークが自信を持って求職者を証明するというものではありません。また逆に、ハローワークから紹介されているのだから優先的に採用しなければならない、ということもありません。ただ、企業側としては、本人から直接申し込みされるよりも、ハローワークから紹介されるほうが、素性が知れている分、安心感が得られるのがメリットと言われています。また、ハローワークを通して人材を採用した企業は助成金をもらえる可能性がありますが、この紹介状が、ハローワーク経由で人材採用したという証明になります。

さて、この紹介状の裏面は、「選考結果通知」（図2－12）となっており、求人企業がハローワークに選考結果を通知するための書面となっています。

私がハローワークで求職者の就労支援もしていた経験から申し上げると、できました

図 2-11　紹介状の見本

紹介コード 51010-51010-1001234　　　　紹介日 平成25年11月25日

紹　介　状

株式会社　ハローワーク商事

採用担当者　様

日頃より、ハローワークをご利用いただきありがとうございます。
貴事業所からいただいております求人につきまして、下記の方をご紹介いたします。
採用に向けた選考を、よろしくお願いいたします。

紹介対象求人の番号	職種	求人区分	雇用形態
51010-　860901	一般事務	フルタイム	正社員

（フリガナ）　アシタ　ユウキ
求職者氏名：明日　勇気

※選考結果につきましては、求職者にご連絡されるのと併せて、裏面の選考結果通知にて、下記ハローワークまでＦＡＸ、郵送等によりご連絡ください。

《　お問い合わせ先　》
○○公共職業安定所
〒123-4567
◇◇市△△区○○町１－１－１

ＴＥＬ：00-8888-8609
ＦＡＸ：00-8888-4234
紹介担当　安定　吉男

表

出典：ハローワーク

ら企業の方には採用しなかった理由を記載していただけるとありがたいです。私が窓口で求職者とお話をしていますと、採用されなかった理由、なぜ不採用となってしまったのかを尋ねられることがあります。

その際には、この「選考結果通知」をもとにハローワークシステムに入力されたデータを見てお話をすることになりますが、具体的なことが書いていない場合、なかなか求職者に適切なアドバイスをすることができません（ハローワークの職員が記載された内容をそのまま求職者にお伝えすることはないと思いますが）。採用に至らなかった要因や応募者へのアドバイスと共に、良かった点なども記入していただければ、それがきっかけで、その求職者の人生が変わるかもしれません。

一方、採用した場合にもその理由を記載することをおすすめします。ハローワークの窓口で就労支援の仕事をしていると、採用が決まったということでわざわざお手紙やお電話をいただいたり、来所されてお礼の言葉を述べられたりする場合があります。

その際にも、私は「選考結果通知」をもとにハローワークシステムに入力されたデータを見てお話しすることがありました。「先方からはこんなところが評価されていたみ

図2-12　選考結果通知の見本

選考結果通知　（紹介日：平成25年11月25日 ）

平成　年　月　日

○○公共職業安定所
紹介担当者 安定　吉男　あて
（TEL：00-8888-8609　）
(FAX :00-8888-4234　)

株式会社　ハローワーク商事

記入者名　　連絡先

（求人番号：51010-　860901 ）
（紹介期限：H26.01.31）

51010-51010-1001234

さきに紹介を受けた次の方（求職番号 51010-　860903 ）の選考結果を通知します。
また、この求人については、次の取扱いを希望します。

□　引き続き紹介をして欲しい（　人）
□　求人を取り消して欲しい

※注　既に有効期限切れ等で無効となっている場合は、再度の申込みが必要です。

※ 記入に当たっては、裏面の紹介状で応募者氏名を確認いただいた上で以下の記入をお願いします。

採用した

職　種　（ 通勤 ・ 住込 ）
雇用（予定）日　平成　年　月　日
賃金見込み　（ 月額・時間額 ）　円程度

採用しなかった

該当する事項に○を付してください。

●選考の結果当方で採用しなかった

1　業務内容があわない
2　技能・経験・知識の不足
3　賃金がおりあわない
4　始業、就業、残業時間があわない
5　その他

6　選考時に本人が断った
7　採用しようとしたが本人が断った
8　本人から応募辞退の連絡があった
9　本人から連絡がない。または本人と連絡がつかない

採用または採用しなかった理由について、できるだけ詳しい理由を教えてください。

裏

出典：ハローワーク

たいですよ。就職しても頑張ってくださいね」などとお伝えすると、とても自信に満ちた様子で帰られます。そんな光景が記憶にいくつも残っています。

心理学的に、人は誰かから直接褒められるより第三者を介して間接的に褒められたほうが喜ぶと言われています。「選考結果通知」に記載された採用理由などが、求職者本人に伝わることはそれほどないかもしれませんが、もし先に紹介したようなシチュエーションなどで本人に伝わることがあれば、よりモチベーションを高めて入社されることでしょう。

少なくとも、ひとりひとりの求職者に誠実に接しておられる企業としての姿勢は、ハローワーク職員にも伝わり、「良い企業」と認識されることでしょう。

第3章

無料でここまでできる!
ハローワーク求人の仕組み

意外と役立つ無料で配布される「バランスシート」

「ハローワークにはいつ求人を出すのが効果的ですか?」というご質問をよくいただきます。

この質問の答えはいくつかあると思いますが、求職者がどれだけ登録しているかという月別の人数がわかるデータがあれば、1つの答えになるかと思います。実はそのような情報は各労働局やハローワークのホームページや窓口で、誰でも手に入れることができます。

(図3-1)は東京労働局のホームページになります。最近の雇用失業情勢や産業別新規求人数の推移、新規学卒者の初任給調査結果などが公開されています。この統計調査では、発表まで1~2か月のタイムラグはあるものの、1年前のデータや日本全体のデータではなく、その地域のほぼリアルタイムの求人・求職に関する情報が提供されています。「数年前は、求人募集をかければ何十人も応募があった」という経営者の話もよく伺いますが、ここで公表されている統計調査結果を見ていただければ、現在との状況の違いをよく理解していただけることでしょう。

図3-1　労働局のホームページは採用に役立つ地域の求人情報が満載

出典：東京労働局ホームページ

また、（図3－2）の「最近の雇用失業情勢」を見るとおわかりになると思いますが、毎月の新規の求職者数や実際に求職活動している人の数を表す「月間有効求職者数（前月から繰越された有効求職者数と当月の新規求職申込者の合計数）」、いわゆる「求人倍率」などがわかります。

これが、「ハローワークにはいつ求人を出すのが効果的ですか？」というご質問の1つの答えにもなります。

つまり、東京都においては上半期である1月から6月の新規求職者が多く、逆に12月の求職者が極端に減っているということも、この「最近の雇用失業情勢」から読み取ることができます。

（図3－3）は愛知労働局のホームページで公表されている「求人・求職バランスシート」ですが、先ほど薬剤師の例で挙げさせていただきました職種別の求職者数、求人者数、求人倍率なども把握することができます。これらの情報は、労働局やハローワークによってホームページで公開されていることもあれば、各ハローワークにて紙で配布されていたりします。

もしかしたら、皆さんのお近くの労働局やハローワークでは、ホームページでの公開

図 3-2　労働局のホームページで最近の雇用失業情勢を把握

最　近　の　雇　用　失　業　情　勢　　（平成29年1月～平成30年1月）

【東京労働局職業安定部】

項目／年月	① 新規求職者数	② 新規求人数	③ 月間有効求職者数	④ 月間有効求人数	⑤ 新規求人倍率 全国	⑤ 新規求人倍率 東京都	⑥ 有効求人倍率 全国	⑥ 有効求人倍率 東京都	⑦ 就職件数	⑧ 充足数	全国 ⑨完全失業者数（万人）	全国 ⑩完全失業率（%）	南関東 ⑪完全失業者数（万人）	南関東 ⑫完全失業率（%）
平成26年度	45,027 (▲4.4)	116,323 (6.5)	203,187 (▲6.0)	327,227 (8.2)	1.69 (0.16p)	2.58 (0.26p)	1.11 (0.14p)	1.61 (0.21p)	12,412 (▲0.8)	16,541 (▲1.1)	233 (▲23)	3.5 (▲0.4p)	69 (▲10)	3.5 (▲0.6p)
平成27年度	41,900 (▲6.9)	122,846 (5.6)	192,451 (▲5.3)	348,899 (6.6)	1.86 (0.17p)	2.93 (0.35p)	1.23 (0.12p)	1.81 (0.20p)	11,899 (▲4.1)	15,854 (▲4.2)	218 (▲15)	3.3 (▲0.2p)	66 (▲3)	3.3 (▲0.2p)
平成28年度	39,728 (▲5.2)	128,909 (4.9)	181,407 (▲5.7)	369,664 (6.0)	2.08 (0.22p)	3.24 (0.31p)	1.39 (0.16p)	2.04 (0.23p)	10,916 (▲8.3)	14,880 (▲6.1)	203 (▲15)	3.0 (▲0.3p)	64 (▲2)	3.2 (▲0.1p)
平成29年1月	41,404 (2.7)	133,295 (2.3)	167,701 (▲3.2)	367,824 (4.2)	2.14 [-0.02p]	3.19 [-0.14p]	1.43 [0.00p]	2.04 [-0.01p]	9,277 (▲8.4)	12,095 (▲7.0)	197 (▲14)	3.0 [-0.1p]		
2月	40,147 (▲6.1)	139,032 (2.8)	172,694 (▲3.3)	379,720 (2.7)	2.13 [-0.01p]	3.25 [0.06p]	1.44 [0.01p]	2.04 [0.00p]	10,240 (▲5.3)	14,012 (▲3.6)	188 (▲25)	2.9 [-0.1p]	59 (▲7)	3.0 (▲0.3p) (全国 2.9 ▲0.3p)
3月	42,340 (▲0.9)	135,789 (3.1)	181,340 (▲3.1)	390,572 (2.5)	2.14 [0.01p]	3.27 [0.02p]	1.45 [0.01p]	2.06 [0.02p]	11,038 (▲7.7)	16,165 (▲6.4)	188 (▲28)	2.8 [-0.1p]		
4月	49,695 (▲2.2)	120,247 (▲2.6)	190,107 (▲2.9)	373,907 (1.0)	2.17 [0.03p]	3.13 [-0.14p]	1.47 [0.02p]	2.06 [0.00p]	11,766 (▲6.3)	15,895 (▲6.5)	197 (▲28)	2.8 [0.0p]		
5月	42,073 (0.2)	123,402 (1.5)	191,501 (▲1.4)	361,472 (0.3)	2.28 [0.11p]	3.40 [0.27p]	1.49 [0.02p]	2.06 [0.00p]	11,215 (▲4.5)	15,102 (▲5.0)	210 (▲7)	3.0 [0.2p]	63 (▲2)	3.1 (▲0.2p) (全国 3.0 ▲0.3p)
6月	39,800 (▲3.1)	134,555 (2.1)	187,379 (▲2.0)	364,071 (0.5)	2.24 [-0.04p]	3.36 [-0.04p]	1.50 [0.01p]	2.07 [0.01p]	11,296 (▲5.7)	15,314 (▲6.7)	192 (▲18)	2.8 [-0.2p]		
7月	36,102 (▲4.3)	121,267 (▲1.1)	180,780 (▲2.4)	362,236 (0.7)	2.26 [0.02p]	3.35 [-0.01p]	1.51 [0.01p]	2.09 [0.02p]	10,549 (▲6.0)	14,174 (▲6.7)	191 (▲12)	2.8 [0.0p]		
8月	37,638 (1.1)	126,509 (1.9)	178,493 (▲1.7)	365,826 (1.4)	2.22 [-0.04p]	3.24 [-0.11p]	1.52 [0.01p]	2.10 [0.01p]	9,985 (▲4.6)	13,489 (▲5.0)	189 (▲23)	2.8 [0.0p]	58 (▲3)	2.8 (▲0.3p) (全国 2.8 ▲0.3p)
9月	38,232 (▲3.7)	131,845 (▲2.5)	177,355 (▲1.8)	366,616 (▲0.2)	2.27 [0.05p]	3.30 [0.06p]	1.53 [0.01p]	2.09 [-0.01p]	10,708 (▲1.1)	14,379 (▲3.3)	190 (▲14)	2.8 [0.0p]		
10月	39,015 (▲4.0)	139,198 (5.1)	179,268 (▲1.6)	380,137 (1.2)	2.35 [0.08p]	3.52 [0.22p]	1.55 [0.02p]	2.11 [0.02p]	10,750 (▲4.6)	14,515 (▲3.4)	181 (▲14)	2.8 [0.0p]		
11月	34,019 (▲1.7)	125,903 (▲0.5)	173,389 (▲2.5)	378,566 (0.4)	2.34 [-0.01p]	3.37 [-0.15p]	1.56 [0.01p]	2.13 [0.02p]	10,043 (▲4.9)	13,424 (▲7.1)	178 (▲19)	2.7 [-0.1p]	56 (▲8)	2.8 (▲0.4p) (全国 2.6 ▲0.3p)
12月	28,689 (▲1.2)	126,626 (4.7)	162,518 (▲2.3)	375,245 (3.0)	2.38 [0.04p]	3.44 [0.07p]	1.59 [0.03p]	2.15 [0.02p]	9,334 (▲4.9)	12,508 (▲5.5)	174 (▲19)	2.7 [0.0p]		
平成30年 [illegible]	38,331 (▲7.4)	125,15[illegible]	162,591 [illegible]	364,610 (▲0.0[illegible]	[illegible]	3.16 [illegible]	1.59 [0.00[illegible]	[illegible]	8,750 (▲5.7)	11,191	159	2.4 [-0.3p]	[illegible]	

出典：東京労働局ホームページ　最近の雇用失業情勢（平成 29 年度）

図3-3 「バランスシート」で職種別の求職者数、求人者数、求人倍率なども把握

求人・求職バランスシート

（平成30年1月）

※ 職業別・年齢別とも、新規学卒者、臨時・季節を除きパートタイムを含む常用。

【職業別 有効求人・求職】

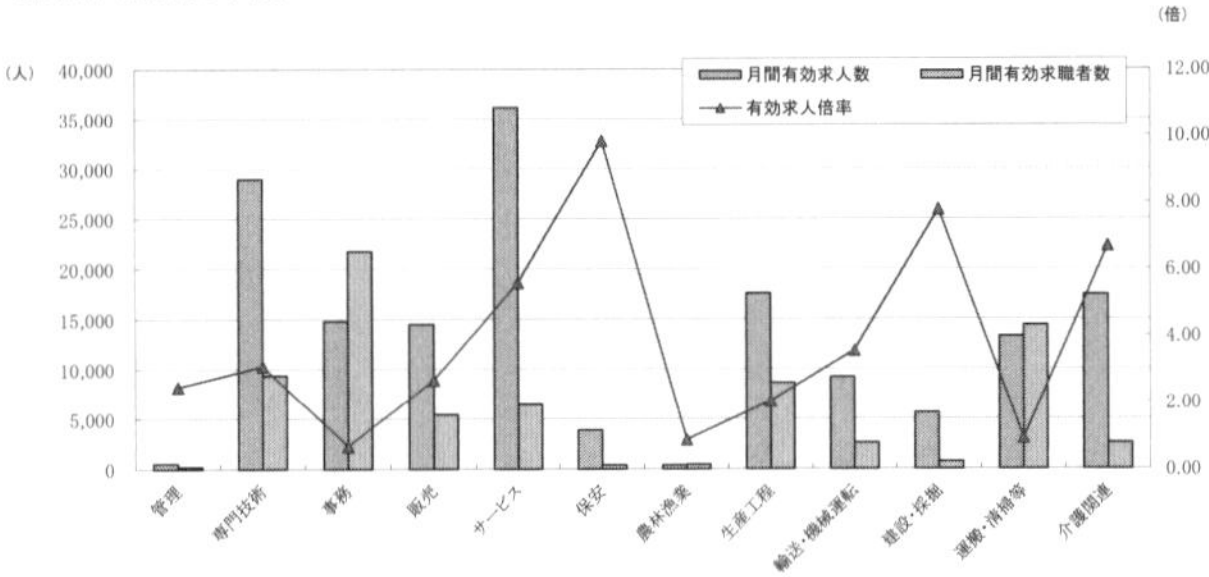

	職業計	管理	専門技術	事務	販売	サービス	保安	農林漁業	生産工程	輸送・機械運転	建設・採掘	運搬・清掃等	介護関連
月間有効求人数	144,918	546	28,980	14,806	14,493	36,157	3,874	383	17,580	9,221	5,606	13,272	17,442
月間有効求職者数	78,128	222	9,382	21,765	5,423	6,456	394	437	8,625	2,588	721	14,395	2,609
有効求人倍率	1.85	2.46	3.09	0.68	2.67	5.60	9.83	0.88	2.04	3.56	7.78	0.92	6.69

（注）「介護関連」は専門技術およびサービスの職業のうち、介護関連の職業を合計したものである。

【年齢別 有効求人・求職】

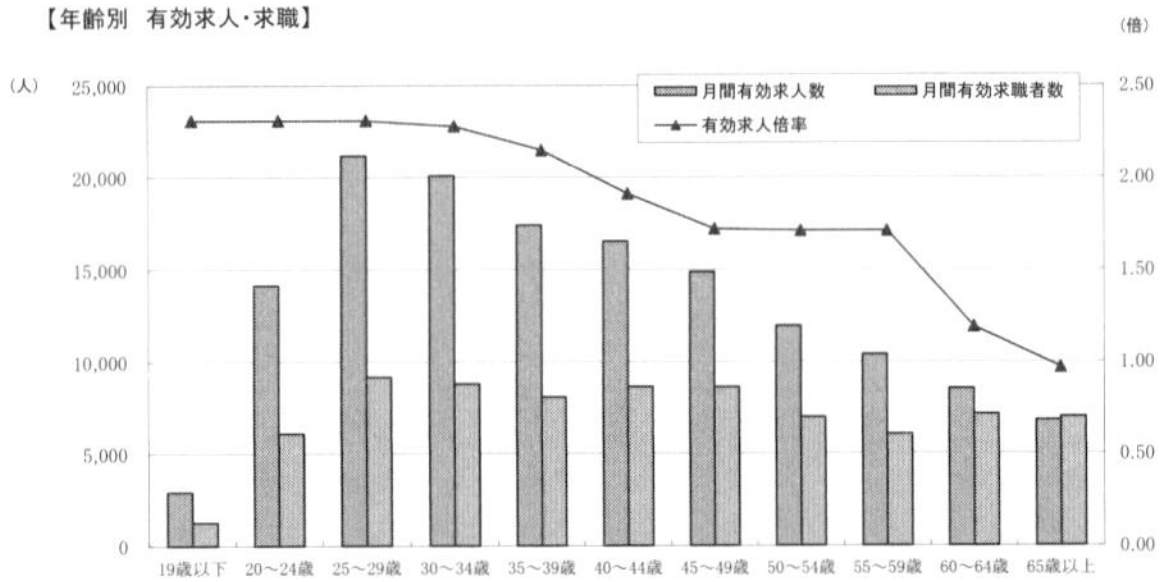

	年齢計	19歳以下	20～24歳	25～29歳	30～34歳	35～39歳	40～44歳	45～49歳	50～54歳	55～59歳	60～64歳	65歳以上
月間有効求人数	144,918	2,919	14,146	21,195	20,090	17,404	16,521	14,870	11,957	10,407	8,562	6,847
月間有効求職者数	78,128	1,264	6,124	9,186	8,820	8,104	8,667	8,649	7,008	6,100	7,182	7,024
有効求人倍率	1.85	2.31	2.31	2.31	2.28	2.15	1.91	1.72	1.71	1.71	1.19	0.97

（注） 就職機会積み上げ方式（求人数を対象となる年齢階級の総有効求職者数で除して当該求人に係る求職者1人当たりの就職機会を算定し、全有効求人についてこの就職機会を足し上げることにより、年齢別有効求人倍率を算出する方法。年齢別月間有効求人数は、年齢別有効求人倍率に年齢別月間有効求職者数を乗じて算出する。）による。

出典：愛知労働局ホームページ

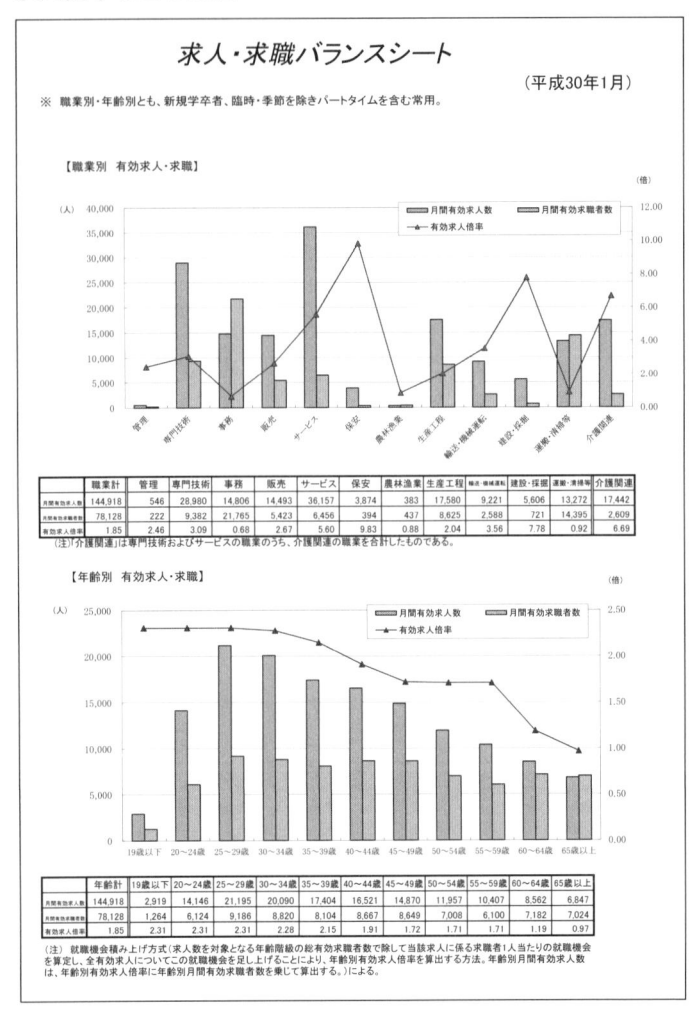

も、紙での配布もないかもしれません。そのような場合は、ぜひ最寄りの労働局やハローワークの窓口にお問い合わせください。

私も、「『配管工』の求人を出そうと検討しているのですが、この地域でその仕事を希望されている求職者は今現在、何人いらっしゃいますか？」というような質問をハローワークの窓口ですることがあります。正式な統計調査としては持ち合わせていなくても、ハローワークシステムに登録されている求職者の情報を活用して、そのような質問にも答えてもらえることがあります。ただの興味本位ではなく、「『配管工』の求人を出そうと検討しているのですが」というような具体的な目的を示せば、何らかの情報を示してくれるものです。

切手代も必要ない。求職者に直接アプローチする「リクエスト」

求職者リクエストとは、ハローワークに求人を出している事業所であれば、自社の条件に合った求職者（公開を希望している方のみ）に求人票を送付してもらえるという仕組みです。

驚かれることが多いのですが、これも無料で利用できます。先に紹介したハローワークで配布される「求人申込書の書き方」等の資料では、このサービスの存在は公表されていませんので、すべてのハローワークでこのサービスがあるわけではありません。実際、私が住む岐阜県や愛知県、大阪府などで行われているものの、東京都内のハローワークでは、一般求職者に向けた「リクエスト求人」制度は現在のところありません（ただし、後ほどご紹介するハローワーク飯田橋の「中核人材確保支援センター」では管理職・技術職・専門職の実務経験者のみ可能）。

それでは、一般的な求職者リクエストの流れ（図3－4）を確認したいと思います。求職者リクエストのポイントは、以下のようになります。

①管轄のハローワークに求人票を出します

総合案内で「リクエストを利用したい」と言えば、担当部門へ案内してもらえます。ほとんどが求人部門に案内されますが、職業相談部門の場合もありますので、庁舎がそれぞれ分かれているような場合は事前に電話等で確認することをおすすめします。

図3-4　求職者へのリクエストの手順

①管轄のハローワークに求人票を出します。

↓

②通勤圏内と思われるハローワークへ直接足を運びます。

↓

③求人条件に合う求職者リストを出してもらいます。

↓

④求職者リストから求人票を送ってもらいたい人をピックアップして、リクエストを依頼します。

↓

⑤該当の求職者にハローワークから連絡（求人票）が届きます。

↓

⑥求職者が興味を持てば、ハローワークからの紹介を通しての応募があります。

②通勤圏内と思われるハローワークへ直接足を運びます

基本的に求人情報は、それぞれのハローワークに登録している求職者にしか送ることができません。管轄が異なる近隣のハローワークにも同時にリクエストを行おうとお考えであれば、どのようなルートや方法でハローワークを回れば一番効率が良いかをシミュレーションするのが良いと思います。

③求人条件に合う求職者リストを出してもらいます

ハローワークの窓口では担当者に、「求人票を持ってきましたか？」と聞かれますので、事前に求人票を用意しておきましょう。もちろん、忘れたとしても窓口で検索してもらうこともできます。

④求職者リストから求人票を送ってもらいたい人をピックアップして、リクエストを依頼します

多くのハローワークでは担当者に求職者リストを作成してもらうのですが、そのときの検索条件（地域、年齢層、男女、経験の有無、資格の有無等）も事前に検討しておきましょう。ターゲットを絞りすぎていると、対象者がゼロということもよくある話なので、窓口の担当者の方と相談しながら、検索条件は柔軟に考えていきましょう。

⑤該当の求職者にハローワークから連絡（求人票）が届きます

求職者リクエストでは、求職者に以下のものが送られます。

- ハローワークからの手紙……今回、このリクエストが行われるに至った経緯について記載されています。
- 求人票

一般的に求職者リクエストは、このハローワークからの手紙と求人票が送られることになります。この求人票については、私が職業相談をしていたときに「ハローワークからよくわからない求人票が届いたんですけど」という声を聞きました。私自身も同じようにハローワークで仕事探しをしている際に、自宅に求人票が送られてきて、「どうして私のところに送られてきたのだろうか？」、「文字ばかりの求人票を見ていてもよくわからないし、興味も湧かないいな」と感じていたものでした。

このような疑問を少しでも解消するための工夫として、求人票を送ってもらう際、A4サイズで1枚程度の会社のリーフレットなどがあれば、求人票と一緒に送ってもらえることがあります。会社をアピールできますし、このような疑問を少しでも解消してくれるのではないかと期待しています。

ただし、ハローワークによってはそもそも同封物が不可であったり、同封できる用紙のサイズや枚数などが異なりますので、事前に、ご利用のハローワークに確認してください。

それでは、このA4サイズで1枚程度のリーフレットですが、どのようなものを同封したら良いのでしょうか。

私は一度こんな実験をしてみました。転職サイトに登録した求職者に送ることができる「オファー」や「スカウト」と呼ばれるメールを参考にして、文字だけの手紙（図3－5）を同封させていただいたのです。結果は1件も反応がありませんでした。ハローワークからの手紙や求人票も、そして同封した手紙までもすべて文字だけでしたので、殺風景なメッセージだと思われたからかもしれません。

そこで私は、多様なお店を回ってヒントを探ったのですが、求人に成功している企業

図3-5 「リクエスト」に同封した手紙風のリーフレット

○○県（○○市）勤務を希望されているあなたへ
ぜひ前向きにご検討ください。
※転居を伴う転勤なし

はじめまして。
○○市（○○駅から徒歩○分）に拠点を構える独立系の保険代理店
株式会社○○○○　代表の○○です。

○○県（○○市）での勤務を希望されているあなたに、
ぜひ、お伝えしたい求人情報があり、ハローワークを通じてご連絡いたしました。

よろしければ、同封のハローワーク求人票にて
詳しい仕事内容や待遇面等をご確認の上、ぜひ応募をご検討ください。

※以下、求人情報を一部抜粋

【募集職種】
■転勤なし■ ○○県（○○市）勤務／好きな地元で働ける コンサルティング営業職（損害保険・生命保険）

【仕事の概要】

地域密着型で、顧客からの信頼も厚く、業績安定。

特定の保険会社の商品に拘ることなく、常にお客様の立場に立った保険の提案・コンサルティングを行います。


【事業内容】

生命保険、損害保険
■取扱保険会社は、○○損保・○○火災・○○生命・○○○○など多数■

【勤務地】

転勤なし／Uターン・Iターン／第2新卒歓迎

●地域のお客様からの信用・信頼を大切に●
「住み慣れた地域で腰を落ち着けて働きたい」

「○○県（○○市）へのUターン・Iターンでの転職を考えている」方へ

地域のお客様とのつながりを大切にし、
信用・信頼を重視したおつきあいを大事にしていただきたいと思います。
当社の地域に根づいた営業スタイルに共感いただける方とともに、　（裏面に続く）

顧問先で使用した資料

図 3-5 「リクエスト」に同封した手紙風のリーフレット（続き）

この会社を育てていきたいと考えています。
当社では、新規顧客づくりのみならず、定期的な補償内容の見直しやコスト削減の提案など、
“売って終わり”にしないスタイルで、大きなやりがいを味わうこともできます。

また、当社にて勤務を続けて会社の発展に貢献するキャリアはもちろんのこと、
将来的にご自身で保険代理店での独立を目指すためのステップアップの環境としても最適です。

【給与】
月給 185,000 円（最低保証額）～400,000 円（業績歩合給）
※経験、年齢、能力を考慮いたします

【バックアップ体制】
・各種研修制度がありますのでスキルアップは自分次第です。
・入社後 1 か月は社内研修で、じっくりと商品知識を学んでいただきます。
　2 か月以降は先輩社員と同行して、実際の営業現場を回り、
　じっくりと営業方法やお客様との関係性を作り、提案方法などを肌で感じていただきます。

※ご応募いただきました場合、通常の選考と同様、面接がございます。
　あらかじめご了承ください。

※このオファーは経験やスキル等をもとにお送りするため個人を特定することができません。
　すでに他ルートから応募をいただいている場合はご連絡が重なりますことを何卒ご容赦ください。

ご応募お待ちしております。

は多様な取り組みをされていることがわかりました。

店舗を構える会社では、自前で制作した求人募集チラシがレジ横などに置いてあるのをよく見ます。店舗を構えない会社でも「社員紹介制度」を導入しているところでは、食堂やタイムカードの横などで配布や掲示を行ったりしています。こうした求人募集のアイデアをお借りして、リクエスト求人に添付してみてはいかがでしょうか。

このようなチラシであれば、自社で作成することもできますし、外部業者を利用しても大きなコストとはなりません。先にご紹介した「社員紹介制度」を利用する場合に、従業員の方に配布して紹介を呼びかけるツールとしても使えるなど、幅広い活用が期待できます。

⑥求職者が興味を持てば、ハローワークからの紹介を通しての応募があります

求職者リクエストをしても、すぐに応募や面談につながるとは限りません。むしろ、近年は活用する企業も増えてきたことや、売り手市場ということも重なり、その反応率は決して高くありません。すぐに結果は出なくても、継続してやっていくこと、改善を重ねていくことが大切ではないでしょうか。

先にご紹介した通り、この求職者リクエストは、すべてのハローワークで実施されているサービスではありませんし、サービス内容もハローワークによってさまざまです（図3－6）。ご利用の前には各ハローワークへの確認をお願いします。また、以下にリクエストする際のルールの一例を書いておきますので、参考にしてみてください。

（リクエストのルールの一例）

- 求人受理・求人条件変更後、1週間以上経過し、求人票の有効期限日（紹介期限日）までに14日以上あること。
- リクエストは原則、有効期限内に1回、リクエストできる求人件数は3件まで。
- 1求人につき10件まで。
- 求人1件につきおおむね5名まで、1事業所、最大10名まで。
- 対象者は45歳未満の若年者のみ。
- 正社員求人限定。

図3-6　ハローワーク名古屋南における「リクエスト」の流れ

求職者のリクエストを希望される求人者の方へ

管内求人者用

受付時間　8:30～11:45　13:00～16:30

ハローワーク名古屋南

ハローワーク名古屋南では、求人申込み・求人条件変更(賃金等のＵＰ)後、一定期間を経過しても応募者が無く採用ができない場合、求人内容の確認・相談をした後、当所に登録している求職者に対して御社の「求人票」を送付するサービス(リクエスト)を行っています。

● **リクエストの流れ**

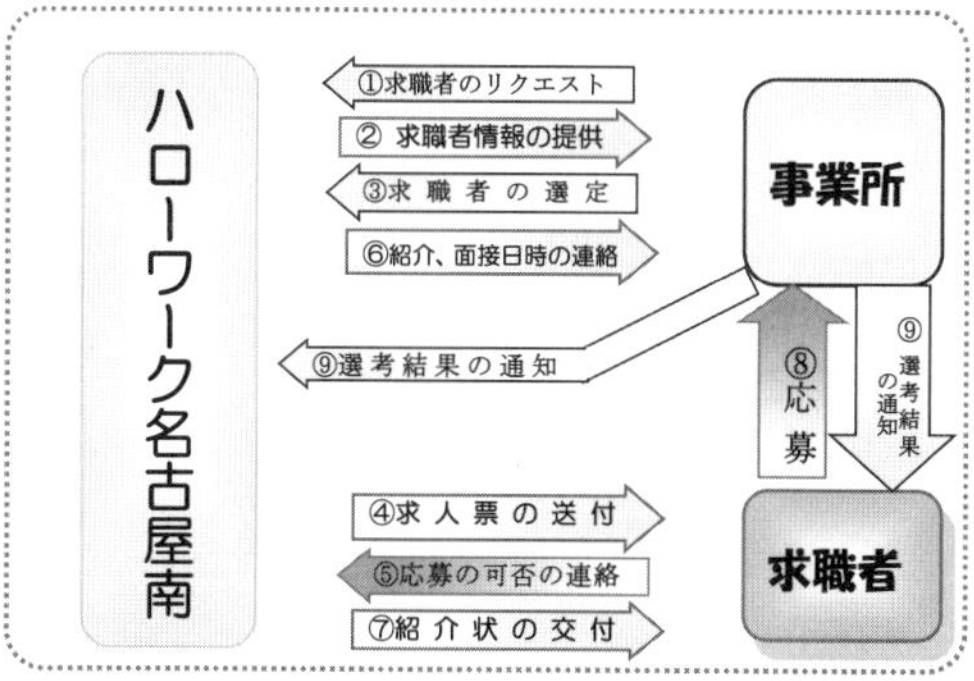

● **受付事業所**

○各種社会保険(労災・雇用・健康・厚生年金)に加入していること。

【0人事業所の場合は、採用後、速やかに加入手続きを行うこと】

● **対象求人**

○求人受理・求人条件変更後、1週間以上経過し、求人票の有効期限日（紹介期限日）までに14日以上あること。

○求人票「就業場所」欄が「事業所所在地と同じ」或いは「施設(事業所)名・所在地」が明記されていること *(名古屋南の管内に就業場所が有る求人票に限る)*

● **留　意　点**

○電話での応対は行いません。**「求人票」(控)を持参しての来所**をお願いします。

○利用頻度は、**1事業所につき月1回**(前回の利用から1ヶ月以上経過していること)。

○求職者情報の検索は、**1回について求人(票)3件**まで。

・求職者への求人票の送付は、**合計10人**まで。

・求職者の希望条件に合わない場合は、求人票の送付はしません。

・同一求職者への再度のリクエストには応じかねます。

○求職者からの応募可否の返答を概ね10日後とします。

期限を過ぎて安定所からの連絡が無い場合は、求職者の応募希望が無いものとご理解ください。

○リクエストした**求職者が応募した場合は、**必ず面接をお願いします。

○データ抽出に時間がかかる場合があるので、**受付を午前は11:45、午後は16:30**までに済ませてください。

出典：ハローワーク名古屋南

ハローワーク内でできる無料の「ミニ企業説明会」

ハローワークの施設内で、直接、求職者と面談や面接ができる機会を作ることができます。こちらも無料です。

（図3－7）は、以前ハローワーク品川の1階エントランスロビーにて行われた、企業PRコーナーを設けることができ、企業と求職者の出会いの場として活用できる「ハロワdeメッセ」の案内です。

求職者にとってはハローワーク内で行われる説明会や面接会には一定の安心感があります。また、これらは出展料が無料なだけでなく、ハローワーク内での開催告知やハローワークのサイトなどでの案内も、すべて無料なのです。自社のホームページやSNSなどと連動させれば、さらなる効果が期待できます。

ここまでの話を聞いている限りでは、就職活動に熱心な求職者とたくさん出会えるのでは？　と期待されるのですが、ハローワークに来所される方の人数自体が現在は減少していることや、失業保険を受給するための求職活動実績を作ることが目的の方も少な

図3-7　ハローワーク内での「会社説明会」

出典：ハローワーク品川

からずいらっしゃるので、過度な期待をして出展されると、「あれっ?」と感じることもあるかと思います。

ただ、現在少なくなってきたとはいえ、失業保険を申請するため定期的に求職者はハローワークに来所しますし、説明会ではハローワークに求人を出しているだけではあり得ないような出会いがあるかもしれません。出会いがないと自分の部屋の中で嘆いていても新しい出会いが訪れることがないように、積極的に外へ出て求職者と接する機会を作り出していきましょう。

私がハローワークで勤務していたときの感覚では、今まで利用したことがない初めての企業のほうが、効果が高いように思われます。というのも、今まではこのようなハローワーク内での説明会に出展される企業は限られていたことなどもあり、新鮮味に欠けていたからです。このような仕組みの存在が広まれば、出展企業の業種や職種も広がり、立ち寄られる求職者の人数も増え、結果として今まで出展していた企業にも、恩恵が回ってくることでしょう。

ハローワークでは、介護や看護、建設など、業界や職種、対象を絞った説明会が行われることもあります。詳細は最寄りのハローワークにぜひ、お問い合わせいただければと思います。

「ハロートレーニング」でプチ経験者を採用して早期離職を減らす方法

ここでは平成28年に公的職業訓練の愛称として「ハロートレーニング」（図3－8）と名称が決まった職業訓練についてのご紹介です。

企業の方とお話をしていますと、「まったくの未経験者の方を採るのは不安がある」と躊躇《ちゅうちょ》されることがあります。そんな場合にはハロートレーニングを受講された方を採用されてみてはいかがでしょうか。

国（ポリテクセンター）や都道府県（職業能力開発校）、民間教育機関等（都道府県からの委託）では、離職者などが再就職に必要な知識や技能を習得するための職業訓練、愛称「ハロートレーニング」を行っています。

平成27年度の受講者数はおよそ13万人で、受講者の7割以上が女性です。事務系をはじめとして、情報、建設、製造、サービス、介護、デザイン、理美容に至るまで多種多

図 3-8　ハロートレーニング経験者の採用

人材を採用したい

ハロートレーニング経験者の採用

国や都道府県では、離職者などが再就職に必要な知識や技能を習得するための職業訓練（愛称：ハロートレーニング）を行っています。平成27年度の総受講者数は約13万人で、訓練分野も多岐にわたります。

ハローワークで求人申込みを行う際には、**ハロートレーニング経験者の採用**をご検討ください。

[分野別　離職者向けハロートレーニング受講者数（平成27年度）]

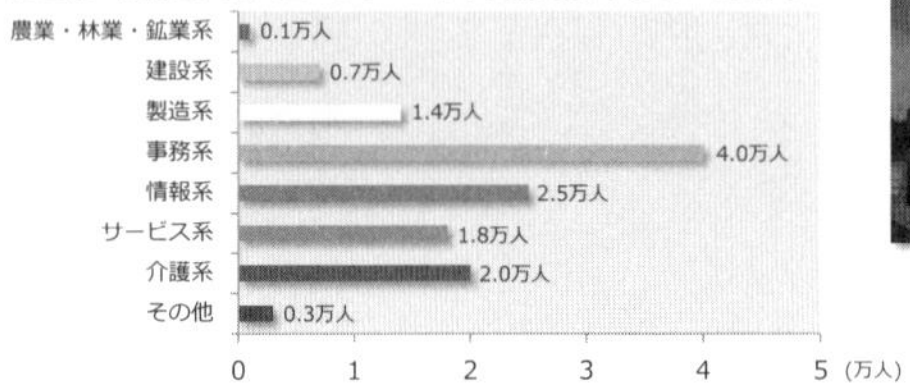

→→→ 詳しくは、**ハローワーク**へ

従業員を育成したい

キャリアアップ助成金

非正規雇用労働者の人材育成を実施した事業主に助成します。

助成内容		助成額 注：(　)内は大企業の額、＜　＞内は生産性の向上が認められる場合の額
人材育成コース	有期契約労働者などに下記の訓練を行った場合に助成 ◆一般職業訓練※1 （教育訓練機関などにおける座学） ※1：育児休業中訓練および中長期的キャリア形成訓練を含む ◆有期実習型訓練 （「ジョブ・カード」を活用した教育訓練機関などにおける座学と企業における実習を組み合わせた3～6か月の職業訓練）	◆教育訓練機関などにおける座学〔1人当たり〕 **賃金助成：1h当たり 760円＜960円＞（475円＜600円＞）** **経費助成：実費**※2 ※2：訓練時間数に応じて1人当たり次の額を限度 （下表） ◆企業における実習〔1人当たり〕 **実施助成：1h当たり 760円＜960円＞（665円＜840円＞）**

	一般職業訓練 有期実習型訓練	（有期実習型訓練後に正規雇用等に転換された場合）
100h未満	**10万円(　7万円)**	**15万円(10万円)**
100h以上200h未満	**20万円(15万円)**	**30万円(20万円)**
200h以上	**30万円(20万円)**	**50万円(30万円)**

→→→ 詳しくは、**ハローワーク、都道府県労働局**へ

出典：厚生労働省「人材育成支援策」のご案内

様な訓練分野を網羅しています。離職者向けの訓練は、基本的には2～6か月となり、中には1年間や2年間といったものもあります。

企業としては、2～6か月の訓練経験だけでは、「即戦力」とはいえないかもしれません。ただ、まったくの未経験者ではなく、「業界のことやその職種の基礎知識や心構えができている方が採用できて、あとは自社で育てていければいいかな」というぐらいの期待感でいると、良い方が採用できたりします。

ただ、こちらの制度についてもあらかじめ理解しておいていただきたいことがあります。それは、失業保険の受給資格者は、職業訓練期間中はずっと失業手当を受け続けることが可能となります（訓練延長給付）。また、前職を自己都合で退職された方には失業手当の受給までに3か月間の待機期間が設けられます。本来は離職票をハローワークに提出してから3か月後からしか失業保険の給付が始まりませんが、職業訓練を受講することですぐに受給できるようになるのです。つまり、失業保険の受給を目的に職業訓練を受けている方が一部にはいるということです。

これらのこともご理解いただいた上で、「経験者や即戦力が採用できる」といった幻想を持つことなく「プチ経験者」が採用できる手段としてハロートレーニング経験者の採用をご検討ください。

もの作り分野の訓練コースに特化した職業訓練所としては、従来「ポリテクセンター（職業能力開発促進センター）」というものが各地に設置されています。

これらの職業訓練所で訓練を終えられた求職者の情報もハローワークにて公開されています。公開されている情報を見ていきますと、訓練を受けられた方の主な仕事、免許、資格、そしてワンポイントアピールなど、さまざまな情報を見ることができます。

それでは、これらの方に対して、どのようにアプローチをかけたらいいのでしょうか。

まずは、それぞれのポリテクセンターのホームページをご覧ください。受講生全員に公開する方法として「一般求人」、採用を検討したい受講者を指名していただく方法としては「リクエスト求人」があり、それぞれの方法が案内されています。

ホームページを確認の上、積極的にご活用いただければと思います。

ハローワークで仲良くなるなら正職員ではなく非常勤職員

ハローワークの職員のうち、全体の約６割は非常勤職員（非正規職員）ですので、実際のハローワークの窓口では6～7割程度が非常勤職員なのではないかと思います。

私自身も「学卒ジョブサポーター」という大学や高校などの新卒者や既卒者に対して就職支援を行う専門家として勤務していましたが、1年ごとに契約を更新する非常勤職員という立場でした。当時の同僚の前職はといえば、大学等での就職支援担当や一般企業での人事労務担当、キャリアカウンセラー、中には元経営者の方もいらっしゃるなど、多士済々の人材が集まっていました。

正職員は、これら大勢の非常勤職員のマネジメントが主な仕事ともいえます。正職員は3年程度での異動が多いものの、非常勤職員は1年ごととはいえ、更新されれば同じハローワークで勤務し続けます。その多くは地元の方で、最前線である窓口で地域の企業や求職者と向き合い続けて、さまざまな情報を持っていることが多いものです。ハローワークもご多分に漏れず「お役所仕事」と揶揄《やゆ》されることがありますが、ひとりひとりの情報量やスキルは高い場合があります。

また「非常勤」という理由だけで軽視せず、良好な関係を構築していけば、求職者を積極的に紹介してもらえたり、地域の生きた情報を入手できたりするかもしれません。

ハローワークを使えば、実は新卒（大学生・高校生）は無料で採用できる

何度もご紹介している通り、私自身は地元のハローワークにて「学卒ジョブサポーター」という大学や高校などの新卒者や既卒者に対して就職支援を行う専門家として勤務していましたので、ハローワークにおいては中途採用だけでなく、大学や高校の新卒者も採用できることをもちろん知っていました。しかし、「ハローワークは中途採用だけ」「ハローワークで就職先を探している大学生なんていない」という意識の企業の方も意外と多いものです。

ここでは簡単に高卒採用と大卒採用について流れを見ていきたいと思います。

①大卒等予定者の就職・採用活動の開始時期

経団連では、２０１５年12月に「採用選考に関する指針」を改定（２０１７年４月に同様の内容にて再度改定）し、広報活動および選考活動の開始時期は、以下のようになりました。

広報活動：卒業・修了年度に入る直前の3月1日以降

選考活動：卒業・修了年度の6月1日以降

これはあくまでも経団連が出した指針であり、法的な義務があるようなものではありませんが、厚生労働省でも広く周知を行っており、多くの企業が指針に合わせた採用活動を行っています。

経団連の指針等を尊重し、ハローワークでの平成30年度の大卒等の求人の取扱い（図3－9）については、以下のようにしています（大学等卒業予定者等の就職・採用選考活動開始時期は年々変更されていきますので注意が必要です）。

求人の受理：2月1日以降
求人の公開：4月1日以降
大学等卒業予定者に対する職業紹介：6月1日以降

②ハローワークで就職先を探している大学生はいるのか？

新卒の就職活動をしている大学生は、リクナビやマイナビなどの就職サイトで求人を探している方が多いのは間違いありません。しかし、それ以外にも一般的な認知度はま

図3-9　大卒等卒業予定者を対象としたハローワークにおける求人の扱い

大学等卒業予定者の採用をお考えの事業主の皆さま
大学等卒業予定者の皆さま

ハローワークからのお知らせです。

平成30年度の大学等卒業予定者を対象とした求人公開日は4月1日です！

※ 求人公開日が昨年度の6月1日から4月1日に変更となりました。
※ これに伴い、求人の受理が昨年度の3月1日から2月1日に変更されます。

大学、短期大学と高等専門学校の平成30年度（平成31年3月）卒業・修了予定者の就職・採用活動のスケジュールを踏まえ、ハローワークでの卒業・修了予定者（大学、短期大学、高等専門学校、専修学校等）を対象とする求人の取扱いは、以下のとおりになります。

大学等卒業予定者の就職・採用活動に関する開始時期	
広報活動	卒業・修了年度に入る直前の3月1日以降
採用選考活動	卒業・修了年度の6月1日以降

ハローワークにおける求人の取扱い	
求人の受理	**2月1日以降**
求人の公開	**4月1日以降**
大学等卒業予定者に対する職業紹介	6月1日以降

求人公開の時期を早めることで、学生の皆様は十分な業界研究を行うことが可能となるほか、企業の皆様も学生への広報活動を有効に行うことが可能となりますので、ぜひご活用ください。
なお、求人公開後であっても5月31日以前に採用選考活動を行うことのないようご注意ください。

「新卒応援ハローワーク」における就職支援について

新卒応援ハローワークでは、大学等卒業予定者や大学等の学校を卒業した方を対象に、各学校との連携の下、ジョブサポーター(※)によるきめ細かな支援など、様々なサービスを行っています。お気軽にご利用ください。
（※）新卒者の就職支援を専門とする職業相談員。企業の人事労務管理経験者などを採用しています。

「新卒応援ハローワーク」の支援メニュー（ご利用はすべて無料です）
○ 全国のネットワークによる豊富な求人情報の提供・職業紹介・中小企業とのマッチング
○ 職業適性検査や求職活動に役立つ各種ガイダンス・セミナーなどの実施
○ 担当者制の個別支援（定期的な求人情報の提供、応募先の選定や就職活動の進め方の相談、エントリーシートや履歴書などの作成相談、面接指導など）
○ 臨床心理士による心理的サポート
○ 求職者の希望を踏まえた個別求人の開拓　　など

厚生労働省・都道府県労働局・ハローワーク

LL291017開若01

出典：厚生労働省・都道府県労働局・ハローワーク

だそれほど高くありませんが、今は一般のハローワークとは別に「新卒応援ハローワーク」が各都道府県にあり、応募書類（エントリーシート、自己PR書、履歴書など）の添削、模擬面接などのトレーニングといった支援を行っています。

実際問題として、「ハローワークで大学生は採用できるのか？」というご質問をいただくことがありますが、私の経験では「ターゲットを絞れば可能性はある」のではないかと思います。

先ほど、ハローワークにおける大学等卒業予定者に対する職業紹介は、6月1日以降であるとご紹介しました。一方、経団連加盟企業は6月からの選考解禁に伴い、6月上旬にかけて早々に内々定出しも一段落し、大手に採用されなかった学生や、就職活動を継続予定の学生がこぞって中小企業にエントリーする時期が、ハローワークでの職業紹介開始のタイミングと重なることが予想されます。

そのときに「大手ではなく、あえて中小企業」、「都市ではなく地元」の優良企業であることを、ハローワークの求人票で丁寧に伝えていけば、これらの学生に響く可能性が出てきます（ハローワークの求人票だけで十分とは言いませんが）。

ちなみにハローワークの大卒や高卒の求人票は、一般求人以上に「そっけない」ものが多いのが現状です。第4章以降に紹介する方法で求人票を作り替えるだけで、少なくともハローワークの大卒求人の中では、他社と差別化が図れると思います。大卒や高卒求人がなぜ一般求人以上に「そっけない」かといえば、これらの求人票を出したことがある企業は、初任給など前年から変更になった情報のみ改定して、その他の箇所は前年の求人票をそのまま「転用」することが実に多く、求人票の内容が毎年同じでブラッシュアップされていかないからなのです。できるだけ前年の求人票は「転用」せずに、毎年求人票を作り込みたいところです。

③どのような大学生がハローワークで就職先を探しているのか?

私自身の経験としては、びっくりするぐらい意識の高い学生さんが情報収集のために早い時期にハローワークに来所されることはあります。しかし、多くは先ほどご紹介したように、大手の選考が一段落し、地域の中小企業に意識が向いた学生となります。地域の中小企業でいえば、リクナビやマイナビに掲載されている企業だけでは選択肢が限られてきます。そんなときに新卒応援ハローワークや最寄りのハローワークに就職先候補の選択肢を広げに相談に来られるのです。

また、公務員や資格試験の勉強をしていたなど、何らかの事情で就職活動の開始が遅れた方や、ご家庭の事情で大学院への進学を諦めて地元で働くことになったという方など、さまざまな事情の学生がハローワークに相談に来られます。

そんなときには、私自身がそうだったように「ジョブサポーター」と呼ばれるハローワークの職員が1対1の担当制で支援していくことになります。だからこそ求人票は、学生だけでなく、それを支援しているハローワークの職員も意識したものにすることがポイントとなってきます。

④高卒採用の基本ルール

高卒採用では、何よりも生徒の学内活動優先の制度・ルールが作られています。初めて高卒採用を行うという企業は、特にその制度・ルールを理解した上で遵守していただくことが採用への近道となります。ハローワーク主催の『新規学卒求人申込説明会』に参加した上で、不明な点は管轄のハローワークにご確認ください。以下に高卒採用の基本ルールを書きますので、参考にしてみてください。

・ハローワークを通して求人票を発行。
・求人票は公開求人（全国の高校へＷｅｂ公開）と指定校求人のいずれかを選ぶ。
・採用試験の開始日は毎年９月16日。
・高校生は学校推薦を通して応募してくる。
・高校生は1人1社しか受験できない（大学生のように複数同時応募ができない）。
※地域によって複数応募が可能となる開始時期が異なります。多くの地域は11月１日からとなります。

⑤高校生の採用までの手順

高卒採用では、求人活動による授業や学校生活への影響を最小限に抑えるために、採用スケジュールが定まっていると先にお伝えしました。具体的には、以下のような流れで進んでいくことになりますが、これは大卒採用とは大きく異なる点といえます。

(1)ハローワーク主催の『新規学卒求人申込説明会』に参加する（5月中旬から随時）

・参加は必須ではありませんが、初めて高卒採用を行う場合は参加することをおすすめします。

- 新たな法の施行や改正などがある場合は、その説明も行われます。
- 日程や参加方法はハローワークのホームページ等で告知されます。

↓

(2)ハローワークに【求人申込書(高卒)】を提出する

- 求人申込書（高卒）の4枚のシートに必要事項を記入して提出する。
- 求人申込書の書式が一般求人とも大卒求人とも異なります。
- 7月1日からの学校への求人申込、学校訪問に間に合うかどうか逆算して提出する。管轄のハローワークで事前に日程を確認して、早めの提出をおすすめします。

↓

(3)ハローワークが求人票を受理し、発行する

- 発行された求人票はハローワークの確認印を押された上で毎年7月1日から企業に返戻《へんれい》されます。

↓

(4)発行された求人票のコピーを高校に郵送or持参する(7月1日以降から)

- 郵送する内容：送付状、求人票（表裏と青少年雇用情報）。

・高校生にもわかりやすい仕事紹介のパンフレットやチラシがあれば同封する。
・応募前職場見学の日時が決まっていれば「応募前職場見学実施予定表」も送る。
・なるべく7月15日より前に高校に届くように送る。
・可能な限り郵送よりも、持参して高校を訪問するほうが良い。

↓

(5)応募前職場見学を受け入れる(受け入れ可とした企業のみ)
・応募前職場見学とは……応募書類を発送する前に受験先決定の参考とするため、高校生が実際に職場を見学すること。
・事前選考にならないよう配慮が必要。

↓

(6)応募書類の到着(毎年9月5日〈沖縄県は8月30日〉から随時発送)
・企業は生徒からの応募書類の到着を待つしかない。

↓

(7)試験日時を決定し、学校に通知する
・採用試験は毎年9月16日解禁。

・書面にて通知する。
・電話連絡をした場合も、ＦＡＸもしくは郵送での通知も行う。

以上が一連の流れとなります。

なお、参考資料として「高卒求人票の例」（図３－10）を掲載しますので、あわせてご確認ください。

⑥発行された求人票のコピーをできるだけ早く高校に届けたほうが良い理由とは？

「高校生の応募は９月５日からで、採用選考も９月16日以降だから、求人は急がなくても大丈夫」と考えるのは早計です。なぜなら高校生が応募先を考える最初の時点で求人票が学校に届いている必要があるからです。

それでは高校生が応募先を考える最初の時点がいつかといえば、１学期の終業式ごろ、つまり７月第３週ごろとなります。なぜなら７月１日ごろから、学校に届けられた各社の求人票を、学校が就職希望の生徒に本格的に求人票を見せ始める時期だからです。さらに言えば、学校に届けられた求人票は学校側で一覧表を作成して生徒に配布するのが

図 3-10　高卒求人票の例

求人番号　51010-　268859

受付年月日　平成29年×月×日
〇〇公共職業安定所

求 人 票 （高 卒）

事業所番号　5101 -911127-0

1　会 社 の 情 報

(1／3)

事業所名	カスミガセキデンシコウギョウ カブシキガイシャ 霞ヶ関電子工業 株式会社	従業員数	企業全体 183 人	就業場所 35人	(うち男性) 25人 / (うち女性) 10人
		設立	昭和 35 年	資本金	4,000万円
所在地	〒105-0000 東京都港区〇〇1番地 JR田町駅　徒歩 12分	電話	03-xxxx-xxxx	FAX	03-xxxx-xxxx
		Eメール			
		ホームページ			
代表者名	代表取締役 霞ヶ関一郎　法人番号 0123456789012	応募前職場見学	可　随時		
事業内容	電子機器の開発・設計・販売	会社の特長	当社は2015年に設立55周年を迎えた伝統ある企業ですが、お客様のニーズを形にするために、変化を恐れず積極的にチャレンジする風土が根付いています。		

2　仕 事 の 情 報

雇用形態	正社員	職種	営業	求人数	通勤 2 人 / 住込 0 人 / 不問 1 人	

仕事内容	電子機器の法人向け営業（既存顧客への営業および新規顧客の開拓） ・受注計画に基づき、顧客の新製品開発に合わせた製品の提案・見積り ・受注から納品までのフォロー ・代金回収 といった一連の営業業務を担当していただきます。 ※社用車（ワンボックス、AT車）を使用して営業する場合があります。
作業遂行上特に必要な知識または技能（履修科目等）	普通自動車免許（AT限定可） （入社後取得可）

雇用期間の定め　なし

就業場所	〒 145-0000 東京都町田市×丁目×－×－× 町田支店 転勤の可能性なし	就業時間	(1) 8時30分 - 17時30分 (2) - (3) -	時間外	あり　月平均 10 時間
				休憩時間	60 分

3　労 働 条 件 等

賃金締切日	末日　その他	賃金支払日	毎月 25日　翌月払い　その他［　］
賃金形態等	月給・年俸・その他の額　日給・時給　円	その他の内容	［　］

賃金等（現行・確定）				
毎月の賃金：定期的に支払われる賃金	基本給 165,000 円［月平均労働日数 20.0 日］	固定残業 手当 23,000 円 営業 手当 30,000 円 手当 円 手当 円	(1) 合計	通勤 218,000 円 住込 218,000 円

賃金から控除するもの	ア 税金	イ 社会保険料	ウ 宿舎費	エ 食費	(2) 控除額合計（ア＋イ＋ウ＋エ）
通勤	4,270 円	31,439 円		円	35,709 円
住込	4,270 円	31,439 円	15,000 円	円	50,709 円

特別に支払われる手当：通勤手当	実費（上限あり）月額 30,000 円まで　マイカー通勤可［駐車場なし］	手取り額（(1)－(2)）通勤 182,291 円
資格 手当 10,000 円 手当 円 手当 円 手当 円	賞与：賞与あり（新規学卒者の昨年度実績）年 2 回 計 2.80月分 又は 万円	手取り額（(1)－(2)）住込 167,291 円
	賞与：賞与あり（一般労働者の昨年度実績）年 2回 計 4.00月分 又は 万円	昇給：昇給あり 年1 回 2,500 円／月 又は %

出典：平成 29 年度　新規学校卒業予定者の求人・募集の手引き
～公正な採用選考のために～

一般的です。先生方が一覧表を作成する時間も考慮すると、遅くとも7月15日までには学校に届けていたいものです。

⑦高卒の新卒採用にかかる費用は0円⁉

学生の売り手市場の続く採用活動の傾向として、大手をはじめ高卒採用にも力を入れ始めた企業が増えてきています。特にこれから初めて高校生の採用活動を行おうとお考えの中小企業は、戦略的、継続的に取り組む覚悟が必要です。今までご紹介してきた通り、高卒採用には一般求人や大卒求人にはない制度やルールがありますが、それを補うだけの魅力があります。以下の２点は、その最たるものといえます。

(1)会社の将来を担う若い人材の採用が可能

なんといっても新規高卒の最大の強みは若さです。18歳で卒業するので、若いうちから社会人としてのマナーだけでなく会社の理念の浸透にも欠かせない人材となることでしょう。

（2）求人に費用がかからない

地域のハローワークと高校が主体となって採用活動を行う高卒採用は、媒体掲載費などまったく費用がかかりません。極端に言えば、ハローワークにて作成した求人票を各学校へ持参するだけなので、高卒の新規採用のノウハウを身に付けることができれば、企業にとってかけがえのない財産となることでしょう。

第4章

欲しい人材を引き寄せるハローワーク求人票の書き方

採用力と定着力の関係

採用力と定着力の関係を（図4－1）に示してみました。

この図は蛇口からバスタブに水を溜めようと思っても、ヒビが入っていたり、そもそも栓が閉められておらず、一向に水が溜まらないという我が家のお風呂でも見かける光景です。

本書は採用に関する本ですから、多くの方が「どうしたらコストをかけずに良い人材が採用できるか？」という採用力の強化に興味が向きがちになっているかと思われます。しかし、バスタブの絵で示したように、「採用力の強化」とともに「定着力の強化」は、まさに車の両輪として取り組むべき課題といえます。定着力については別に譲りますが、少子高齢化による労働力人口の減少で採用力の強化にも自《おの》ずと限界が出てきます。社会保険労務士が得意な分野としては、この定着力の強化・向上といえますので、お困りのことがあればお近くの社会保険労務士にご相談ください。

図4-1　採用力と定着力の関係

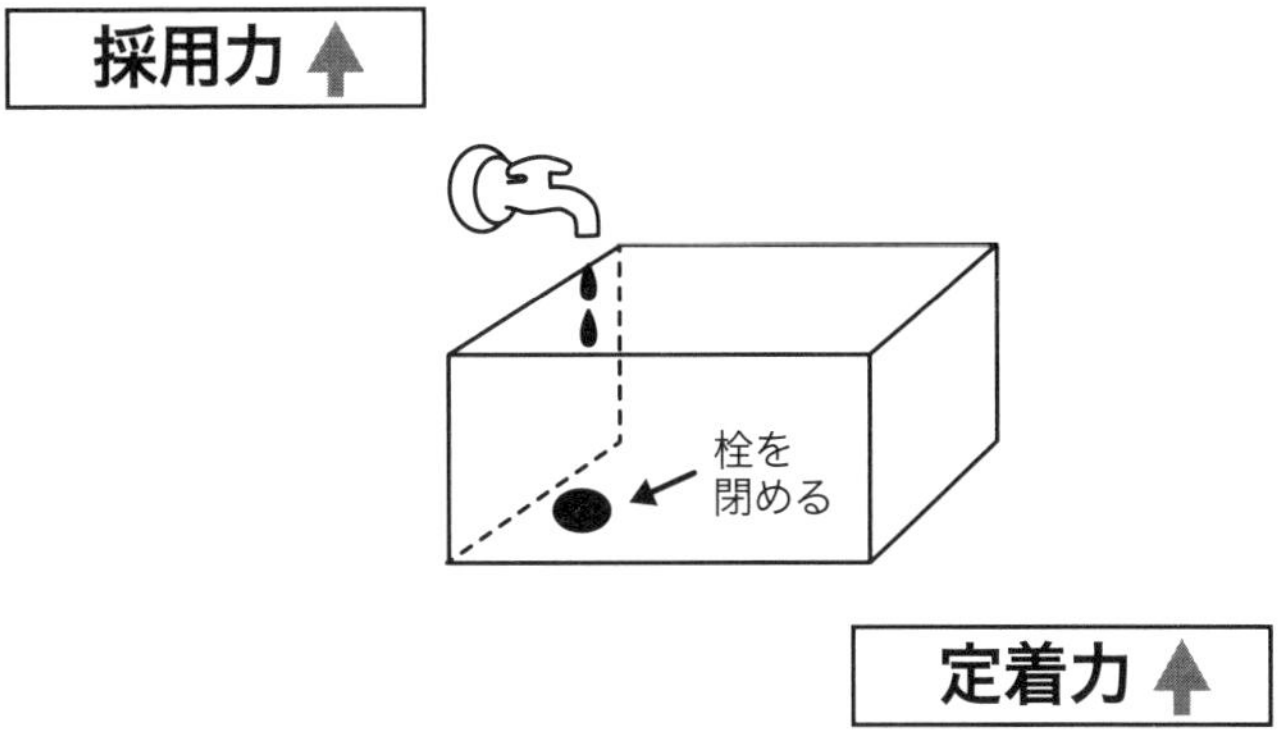

採用力を上げる方程式とは

ここでは定着力の重要性も理解していただいた上で、採用力について考えていきたいと思います。

そもそも採用力とはいったいなんでしょうか。求人募集コンサルタントである石塚毅氏によると、採用力は、「企業力×条件×採用活動」という1つの方程式で表すことができると言います（図4－2）。企業力や条件を直ちに変化・向上させることは難しいですが、「採用力を上げる」、さらにもう1つの要素である「採用活動の見直し」は、企業がすぐに取り組むことができるということです。

本書においては、すぐに取り組むことができる「採用活動」に注目していきます。その中でも求人票の原稿の内容、ハローワークという媒体力を活かしたターゲットの選定方法やマーケティングについてもお伝えしていきます。しかし、別の見方をすれば、本書でお伝えできるのは、採用力の構成要素の1つである採用活動についてのみであり、さらに言えば、その中でも求人票の原稿の内容、ハローワークという媒体力を活かしたターゲットの選定方法やマーケティングについてしかお伝えしていません。「五十川さんの

図4-2　採用力を上げる方程式

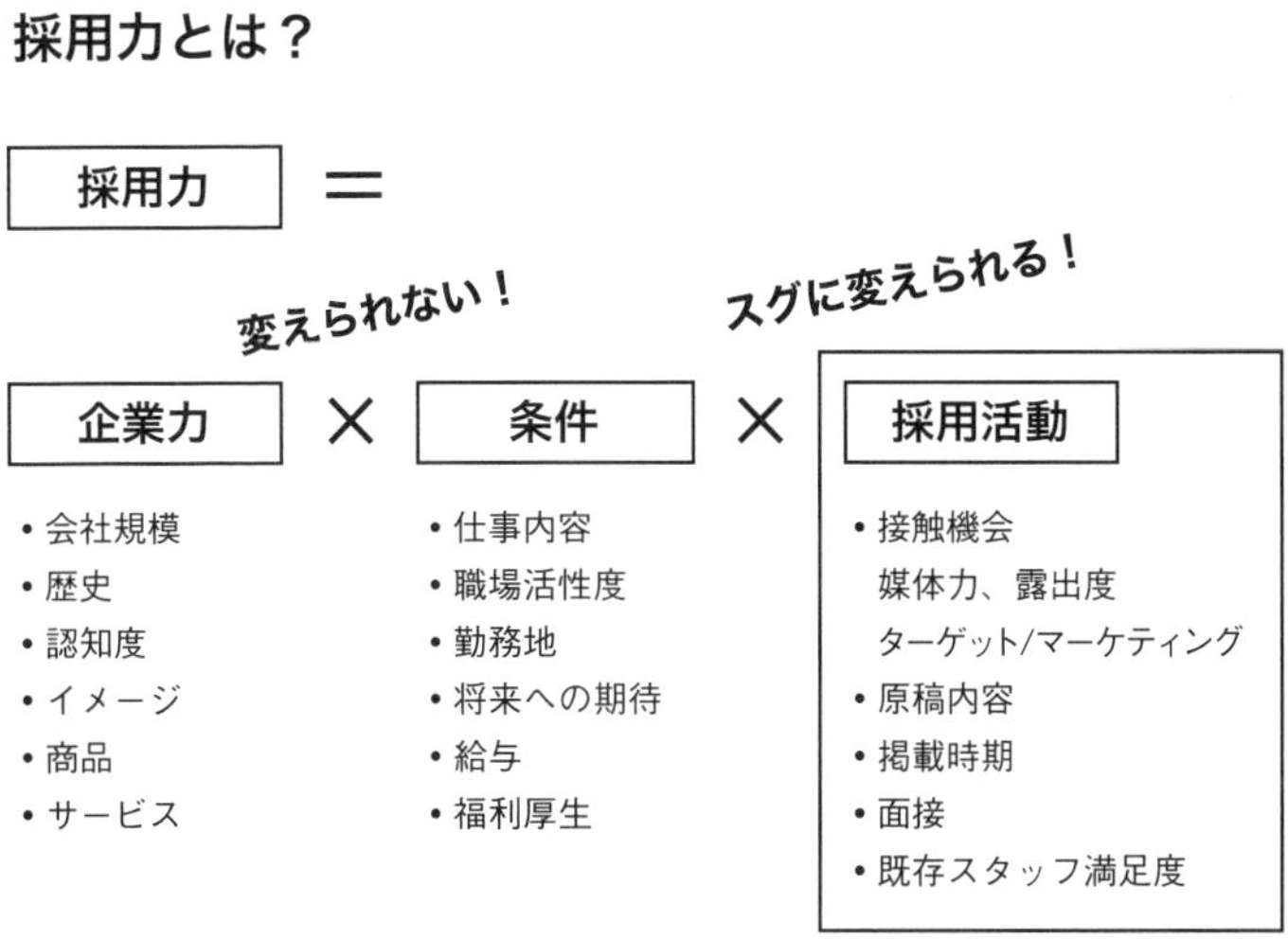

出典：いしづか採用クラブ

話を聞いてハローワークの求人票をちょっと工夫したら、うちでも良い人材が採用できるんですよね?」という期待の声をよく耳にしますが、残念ながらそんなに単純なことばかりではありません。ハローワークの活用や求人票の見直しは、採用力を構成するほんの一部でしかないからです。

しかし、ほんの一部ですが、取り組んだ分だけ採用力がアップするのは間違いありませんので、本書も参考にしていただきながら採用活動の見直しを進めていってください。

求人票で押さえておきたい3つの視点

求人票作成の際に押さえておきたい3つの視点を紹介します(図4-3)。

1つ目は、「経営」の視点。人を募集しようとするときは、必ず事業のイメージがあるはずです。ハローワークにおいても求人を正社員で出すのか、パートで出すのか、どんな仕事をしてもらうのか、給料はいくらにするのかなど「経営」の視点は必ず入ってくるものです。

2つ目は、「法律」の視点です。会社には採用の自由がありますが、さまざまな禁止、

図4-3　求人票で押さえておきたい3つの視点

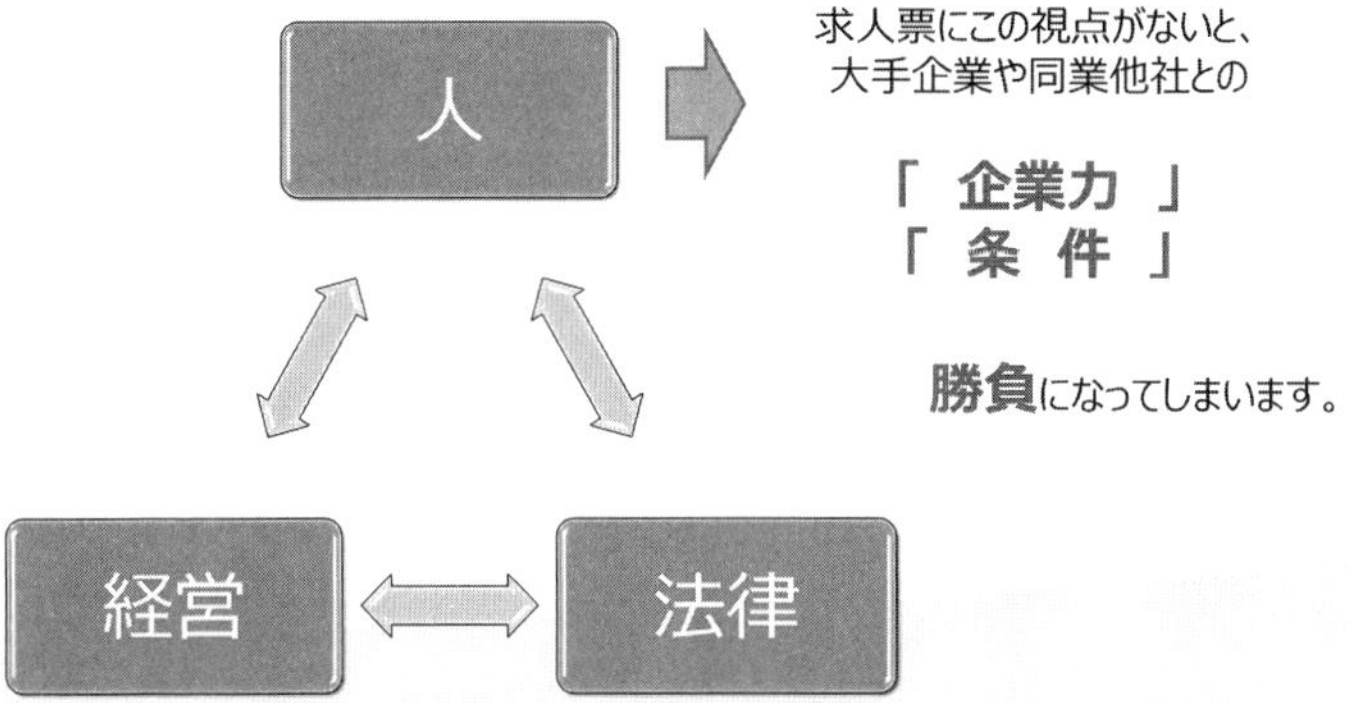

規制や指導等がなされています。求人票に掲載する内容は、法律を遵守していることが大原則になります。特に、労働基準法、職業安定法、男女雇用機会均等法の3つは必ず守らなければならないものです。

最後に3つ目は、「人」の視点です。求人票の向こうにいる人である求職者を意識することです。「人間は感情の動物」と言われます。多くの企業は、生産性を高めるためには、従業員のモチベーションを向上させることが必要であり、さまざまな取り組みをされていることでしょう。企業経営と同じように意識や感情を持つ求職者のモチベーションを向上させる求人票を作成するという視点が重要になってきます。

各社のハローワークの求人票を見ていますと、「経営」と「法律」の視点だけを意識した求人票がほとんどと言ってもよい状態です。事業のイメージを持って求人票を作成するのは難しいことではないでしょうし、法律的なチェックはハローワークで行われますので、「経営」と「法律」の視点は自然と入るものですが、この「人」の視点は、求人を出す企業側が意識的に盛り込んでいかないと、ハローワークの求人票に勝手に反映されることはありません。

求人票に、この「人」の視点がないと、先に紹介した採用の方程式で、直ちに向上させることが難しいと紹介した「企業力」や「条件」で、大手企業や同業他社と勝負しなければならなくなります。しかし皆さん、安心してください。同業他社はおろか大手企業でさえも、ハローワークの求人票の世界においては、この「人」の視点を意識した求人票はまだほとんどありませんので、「企業力」や「条件」を補うばかりか、差をつけることも可能です。

ハローワーク求人における〝敵〟を知る

ハローワークの求人票を理解する上で最も重要な数字は929

この「929」という数字はいったい何を意味しているのか、おわかりになりますでしょうか。これは私がハローワークの求人票で最も重要と考えている数字です。

90、90、297、216、208、そして28を加えて、合計929。

この数字は、他社と圧倒的微差を作る求人票の５つの記載欄に記載することができる「文字数」です（図４－４）。

この５つの記載欄プラス１（図４－５）を充実させることによって、他社とは圧倒的

図 4-4　ハローワークの求人票を理解する上で最も重要な数字

$$
\begin{array}{lrl}
 & 90 & ① \\
+ & 90 & ② \\
+ & 297 & ③ \\
+ & 216 & ④ \\
+ & 208 & ⑤ \\
\hline
+\alpha & 28 & \\
\hline
 & 929 &
\end{array}
$$

図4-5　他社と圧倒的な微差を作る求人票5つの記載欄プラス1

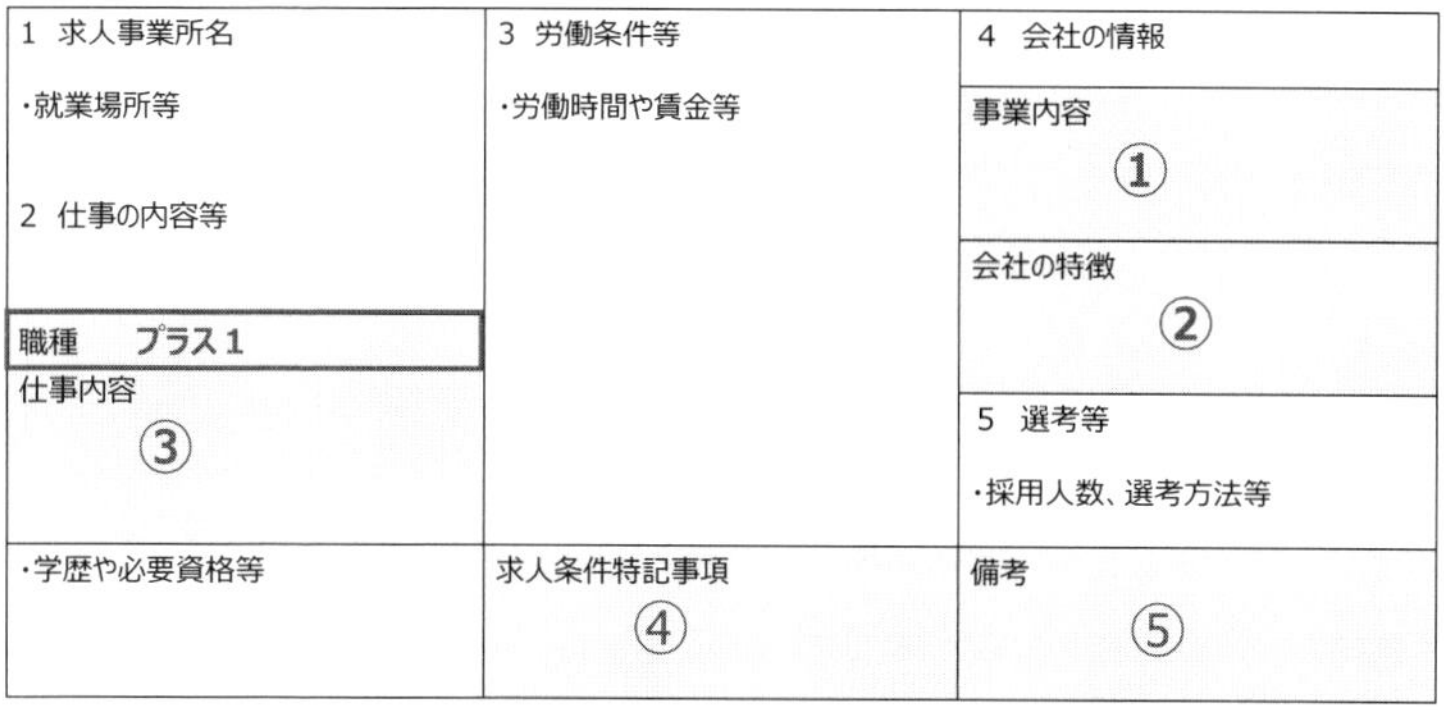

な微差のある求人票を作ることができます。ここでは、ハローワーク求人における〝敵〟の1つ目として、ハローワークの求人票の主要項目の仕組みについてご紹介します。

他社と圧倒的な微差を作り出す「いかがわ式求人票929シート」大公開

（図4－6）は、求人申込書です。2欄の職種名と3欄の仕事の内容欄を見比べていただいて、お気づきになる点がありますでしょうか。

それは、記入欄がマス目か罫線《けいせん》のみかの違いです。職種名にはマス目がありますが、仕事の内容欄にはマス目がありません。

つまり、職種名はマス目の通り14文字×2行で28文字が記入できることがわかりますが、仕事の内容欄は文字数が指定されていません。

なお、この仕事の内容欄の行数を数えてみますと、9行記入することができます。

（図4－7）は実際の求人票です。求人申込書の仕事の内容欄には9行、記入できることを確認しました。しかし、実際の求人票を見てみますと、仕事の内容欄には11行、記入されています。正直言って、私はハローワークに勤務していたときにはこのことには

図4-6　求人申込書【表面】2欄「職種」、3欄「仕事の内容」

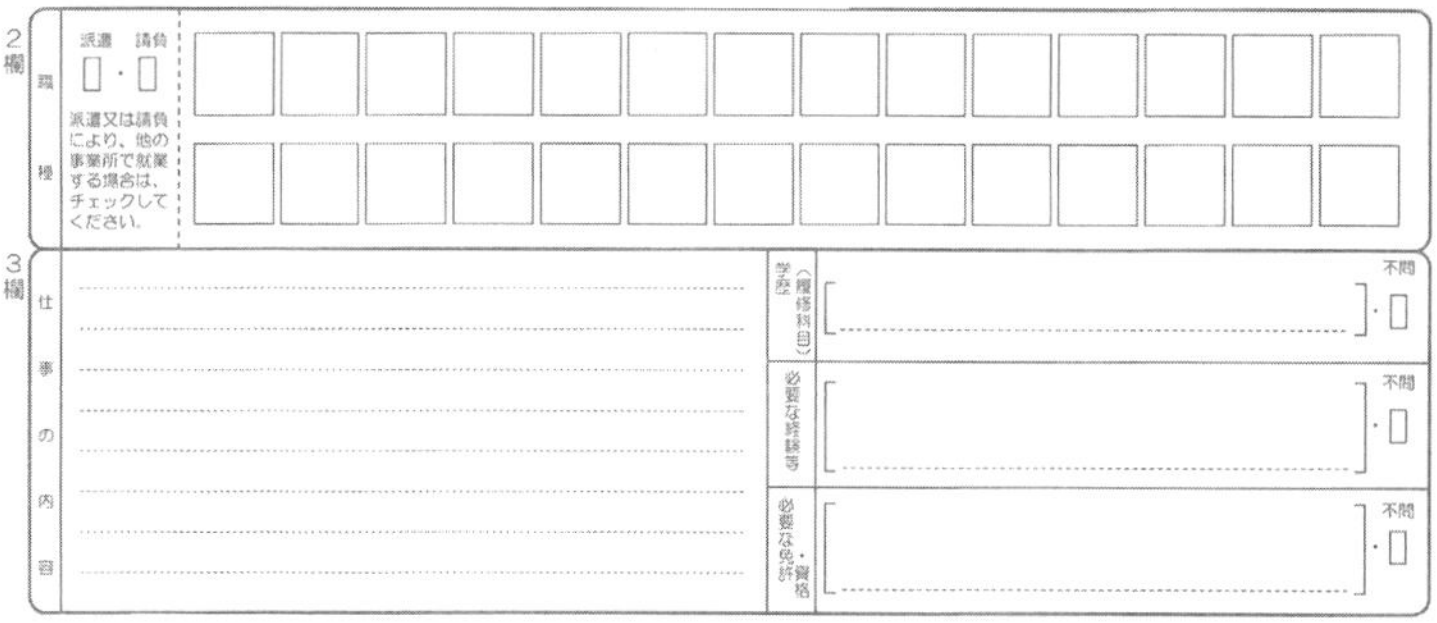

出典：ハローワーク

図4-7　求人票見本　2欄「職種」、3欄「仕事の内容」

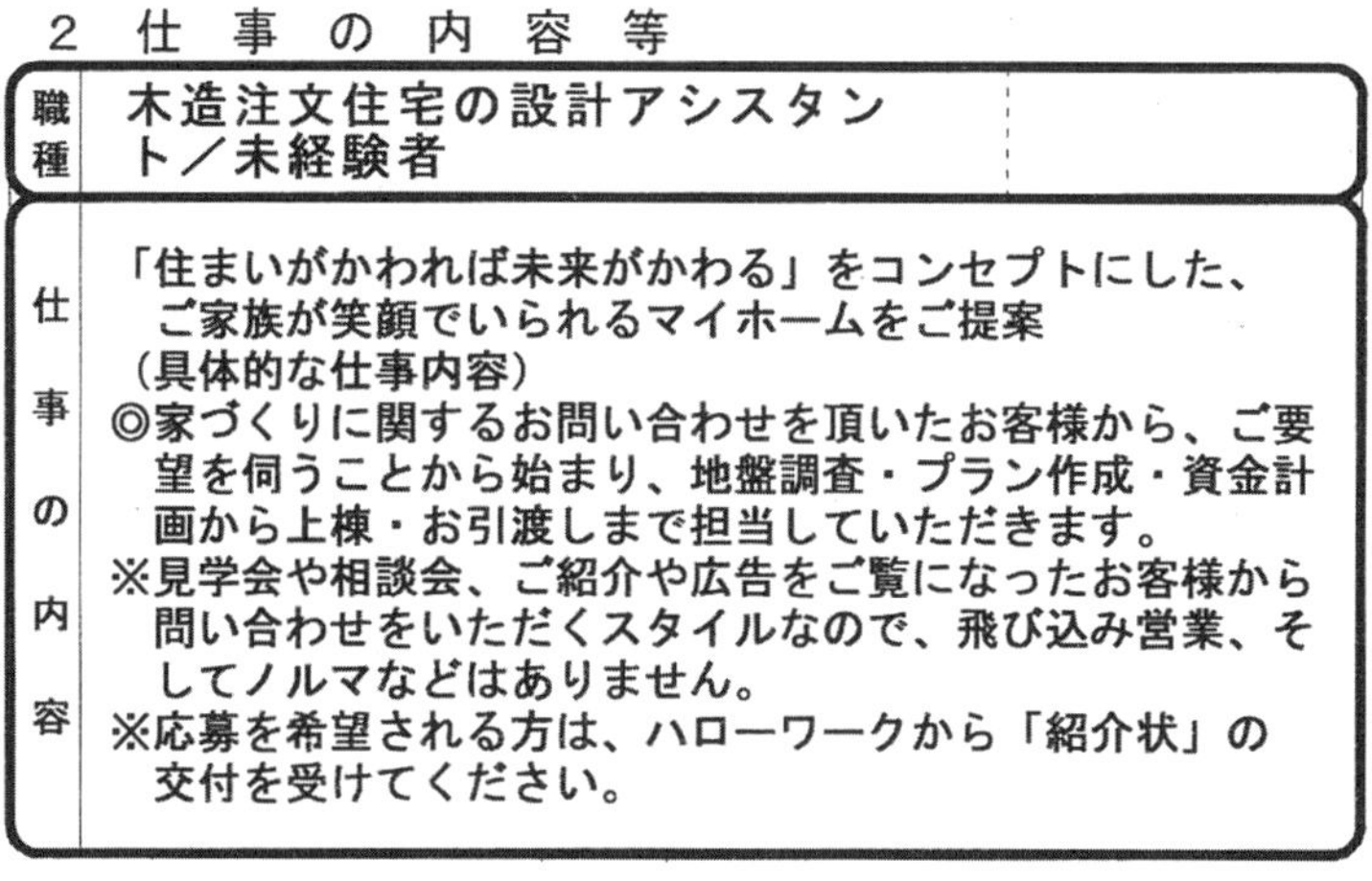
2　仕　事　の　内　容　等

職種　木造注文住宅の設計アシスタント／未経験者

仕事の内容
「住まいがかわれば未来がかわる」をコンセプトにした、
ご家族が笑顔でいられるマイホームをご提案
（具体的な仕事内容）
◎家づくりに関するお問い合わせを頂いたお客様から、ご要望を伺うことから始まり、地盤調査・プラン作成・資金計画から上棟・お引渡しまで担当していただきます。
※見学会や相談会、ご紹介や広告をご覧になったお客様から問い合わせをいただくスタイルなので、飛び込み営業、そしてノルマなどはありません。
※応募を希望される方は、ハローワークから「紹介状」の交付を受けてください。

出典：「株式会社匠建」求人票

まったく気が付きませんでしたし、関心もありませんでした。

「ハローワークシステム」により、求人申込書（図4－8）（図4－9）はそのまま機械（ＯＣＲ）で読み取り処理を行っています。職種名のようにマス目の箇所は、手書きの文字が自動的に文字データ化されます。

一方、仕事の内容欄のように罫線の箇所は、画像データとしてそのまま取り込まれて、その画面を見ながら、職員が文字を手入力することになります。私自身、もっと言えばハローワークの職員に文字数制限について関心がなかったのは、そもそも文字数制限を意識しなければならないほどたくさん記載された求人申込書は提出されることがなかったというのが一番の理由だと思います。

気の利く職員であれば、適度に改行したり、行間を作って、求人票の見栄えも意識して入力するものですが、基本的には入力をしていれば勝手に改行されることもあり、文字数を意識することはないものです。

私がこの文字数問題に気が付いたのは、社会保険労務士として独立して実際にクライアントの求人票を作成するようになってからです。求人票を目一杯に使ってアピールし

図４-８　求人申込書【表面】

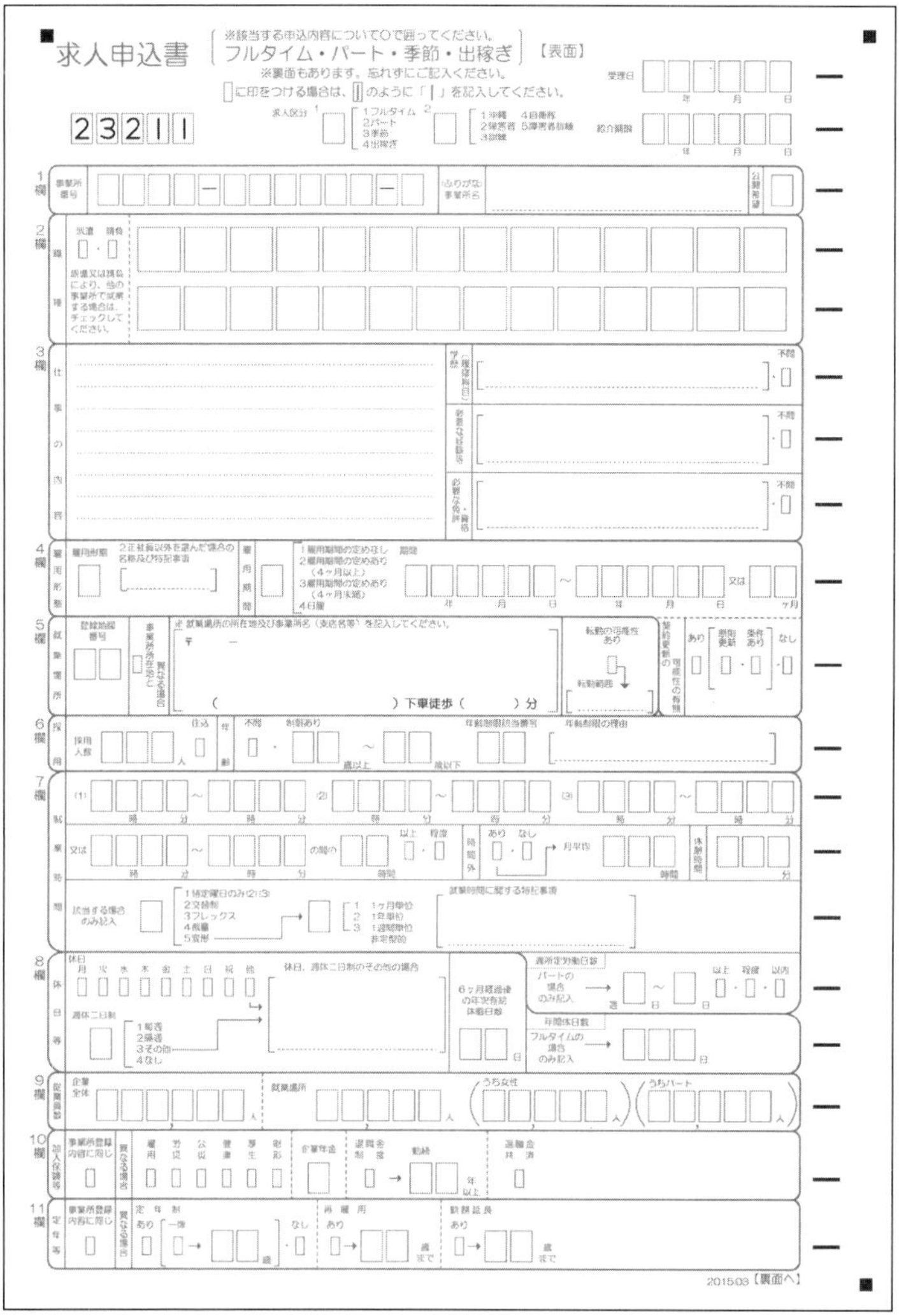
求人申込書
※該当する申込内容について○で囲ってください。
フルタイム・パート・季節・出稼ぎ
【表面】
※裏面もあります。忘れずにご記入ください。
□に印をつける場合は、|のように「|」を記入してください。
受理日　年　月　日
23211
求人区分 1　1フルタイム　2パート　3季節　4出稼ぎ
2　1沖縄　4日雇　2障害者　5障害者訓練　3訓練
紹介期限　年　月　日
1欄　事業所番号　ふりがな　事業所名　公開希望
2欄　職種　派遣　請負　派遣又は請負により、他の事業所で就業する場合は、チェックしてください。
3欄　仕事の内容　学歴（履修科目）　不問　必要な経験等　不問　必要な免許・資格　不問
4欄　雇用形態　雇用期間　2正社員以外を選んだ場合の名称及び特記事項　1雇用期間の定めなし　2雇用期間の定めあり（4ヶ月以上）　3雇用期間の定めあり（4ヶ月未満）　4日雇　期間　年　月　日～　年　月　日　又は　ヶ月
5欄　就業場所　登録地図番号　事業所所在地と異なる場合　就業場所の所在地及び事業所名（支店名等）を記入してください。〒　（　）下車徒歩（　）分　転勤の可能性　あり　転勤範囲　契約更新の可能性の有無　あり　原則更新　条件あり　なし
6欄　採用　採用人数　人　住込　年齢　不問　制限あり　歳以上～　歳以下　年齢制限該当事項　年齢制限の理由
7欄　就業時間　(1)　時　分～　時　分　(2)　時　分～　時　分　(3)　時　分～　時　分　又は　時　分～　時　分　の間の　時間　以上　程度　時間外　あり　なし　月平均　時間　休憩時間　分　該当する場合のみ記入　1特定曜日のみ(2)(3)　2交替制　3フレックス　4裁量　5変形　1　1ヶ月単位　2　1年単位　3　1週間単位非定型的　就業時間に関する特記事項
8欄　休日等　休日　月　火　水　木　金　土　日　祝　他　休日、週休二日制のその他の場合　週休二日制　1毎週　2隔週　3その他　4なし　6ヶ月経過後の年次有給休暇日数　日　週所定労働日数　パートの場合のみ記入　週　日～　日　以上　程度　以内　年間休日数　フルタイムの場合のみ記入　日
9欄　従業員数　企業全体　人　就業場所　人　うち女性　人　うちパート　人
10欄　加入保険等　事業所登録内容に同じ　異なる場合　雇用　労災　公災　健康　厚生　財形　企業年金　退職金制度　勤続　年以上　退職金共済
11欄　定年等　事業所登録内容に同じ　異なる場合　定年制　あり　一律　歳　なし　再雇用　あり　歳まで　勤務延長　あり　歳まで
2015.03【裏面へ】

出典：ハローワーク

図4-9　求人申込書【裏面】

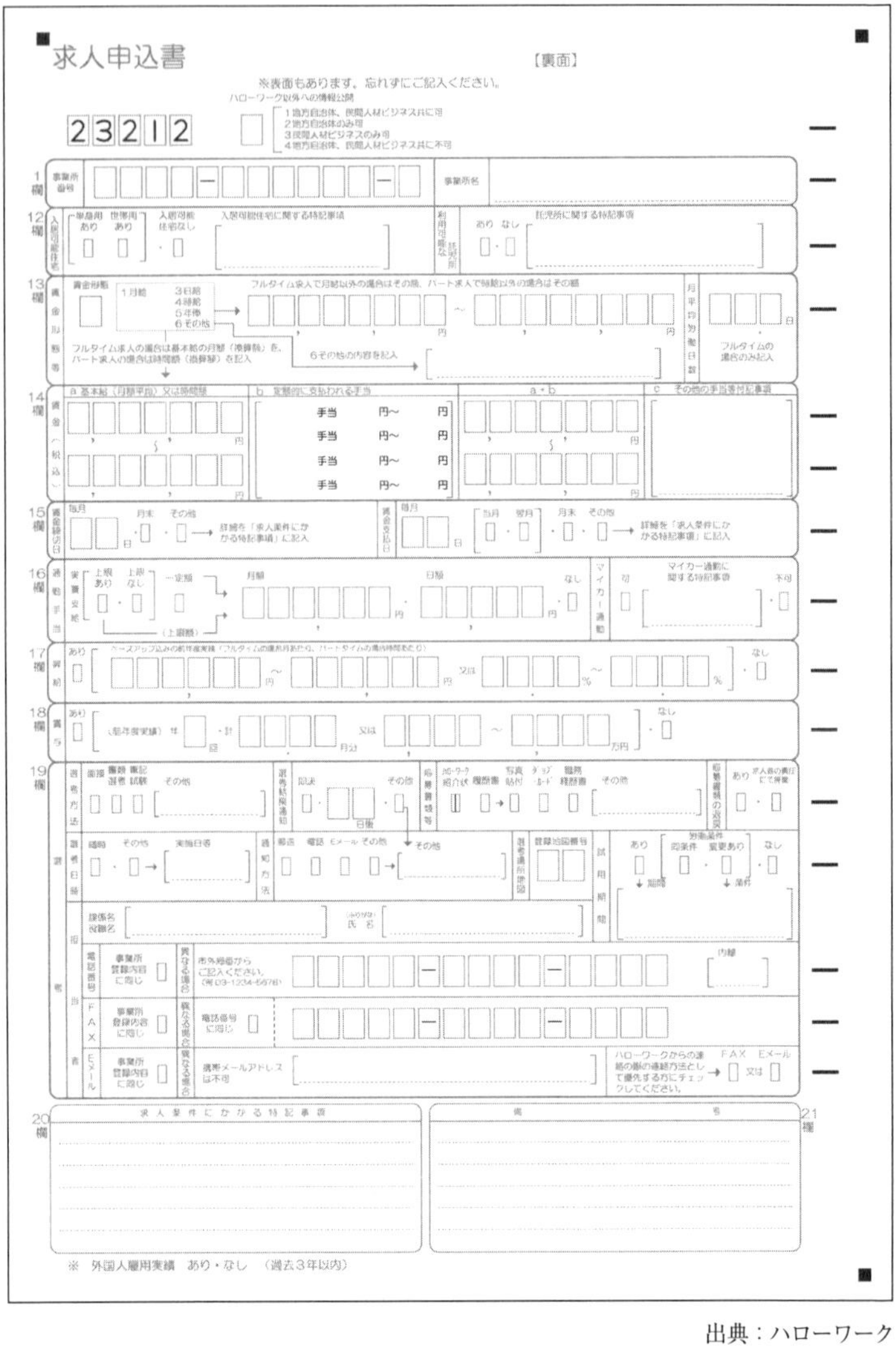

出典：ハローワーク

ようと考えたときに「求人票には何文字記載できるんだったかな？」という疑問がわきましたが、書籍やインターネットで検索しても情報は出てきませんでした。ハローワークの職員に聞いてもわからなかったため、私は自分で求人票を1文字ずつ数えて、求人票の各項目における1行あたりの文字数と行数をまとめてみました。

以下に求人票の主要な項目の文字数を書いてみます。

- 3欄「仕事の内容」
  求人申込書　9行　↓　求人票　1行　27文字×11行＝297文字
- 20欄「求人条件にかかる特記事項」
  求人申込書　6行　↓　求人票　1行　27文字×8行＝216文字
- 21欄「備考」
  求人申込書　6行　↓　求人票　1行　26文字×8行＝208文字

今まで、ありそうでなかったこの仕組みを、オリジナルの「求人票929シート（図4－10）」として完成させ、今回の特典としてつけさせていただきました。これにより、ハローワーク求人票の仕組みを丸裸にすることができます。企業力や条件面での不利をはね除《の》け、圧倒的な微差を作り出すツールとなっていますので、ぜひご活用ください。

「求人票929シート」の活用事例

このシートの最大の特徴は、びっしりと929文字、スピーチで例えるなら3分以上の自社の求人のPRができるようになることにあります。求人申込書では罫線しかなかった箇所も、マス目で表していますので、過不足なく情報を盛り込むことができるようになります。

ここでご紹介する「たのしい株式会社（代表取締役／山内恒治氏）」の求人票（図4－11）は、このシートをフルに活用して事業所で作成された求人票の事例です。

確かに私は929文字をフルに活用しましょうと社長にお伝えしたのですが、まさかここまでびっしりと詰め込まれるとは思いも寄りませんでした。

図4-10　求人票929シート

事業所名：　　　担当者名：　　　作成日：　年　月　日

事業所番号：　－　－　　　求人番号：　－　　　区 分：フルタイム・パート・季節・出稼ぎ

求人票９２９シート　～他社と圧倒的な微差をつくり出す求人票５つの項目 プラス１～

① 事業内容（最大90文字【30文字×3】）　※「事業所登録シート」に記載して最初に登録

② 会社の特徴（最大90文字【30文字×3】）　※「事業所登録シート」に記載して最初に登録

③ 仕事の内容欄（最大297文字【27文字×11】）　※求人を申し込む都度、「求人申込書」に記載

図4-11　求人票見本　2欄「職種」、3欄「仕事の内容」

2 仕 事 の 内 容 等

職種	介護職員（3時間デイサービス）「ありがとサン八百津」
仕事の内容	ご利用者様を元気にして、寝たきり予防をするお仕事です。☆機能訓練リハビリ・・・生活の質の向上の為の予防トレーニングの指導を行います☆機能整体・・・関節可動域の改善と血行促進等の身体を癒す施術をするセラピストになれます☆お湯のいらない足湯や低周波治療器を用いてケアします☆送迎業務・・・福祉車両は使わず、一般の軽自動車や普通車です。移乗介助はほとんどなく、見守り程度です☆3時間のデイサービスなので、午前の部と午後の部の2部制です。☆ご利用者様とコミュニケーションを取って頂き、家族のような雰囲気で過ごせる職場です。☆入浴介助・食事介助は一切ありませんので介護未経験者でも慣れやすいお仕事です。

出典：「たのしい株式会社」求人票

ちなみにこの求人を出す際には、ハローワークの窓口では、「こんなに書いても求職者は読みませんよ」と言われたそうです。話をするときも同じだと思いますが、一般的には、息つく間もなくしゃべり続けるよりも、ゆっくりと適度に「間」をおいて話すほうが伝わるものです。この求人票で採用できたという報告をいただいたときは、私自身も勉強させられた気がしました。

ハローワーク内の掲示板にこの求人票を含めて何枚かが掲示されているのを見たことがあるのですが、遠くからでも異様に文字がビッシリな黒い求人票で人目につきやすいものでした。ハローワークの窓口で、「こんなに書いても求職者は読みませんよ」と言われたように、一定数の方は「面倒くさそうな会社だな」などと思って求人票を読まれることはなかったと思います。

しかし、中にはしっかりと読んで応募される方もいらっしゃったようで、まさにそういう方に応募してほしいと考えていた会社にとっては狙っていたかのような展開になったようです。

この会社に後日談を聞いてみると、以下のようなコメントをされていました。

(1)ハローワークで定期的に採用できるようになった

今までハローワークだけでなく、地域情報誌に有料で求人を出しても反応すらなかったが、ハローワークの求人票を見直してから定期的に応募があるようになり、採用できるようになった。

(2)面接時間の短縮

今まで面接時に説明していたこともすべて求人票に書くようになったため、面接時間が短くなった。求人票を見直した段階では、会社のホームページもなかったが、情報発信の重要性にも気が付いて、その後作成（無料のサイトを活用）されたことも要因かもしれない。

(3)定着率の向上

求人条件はもちろん、会社や社長の想いや考え方まで求人票や自社ホームページで伝えるようになったので、価値観の合う方からの応募が多くなったのが要因かもしれないと考えている。

他の会社も、この会社と同じようにたくさん記入するのが決して良いとは思いません。セミナー内でこの事例を紹介してから、たくさん記入された求人票を見かけるようになりましたが、上手《うま》く採用につながったということばかりではありません。言うまでもありませんが、大切なのは記載されている「量」より「質」なのです。

「求人票929シート」で文章レイアウトが思いのままに

このシートのもう1つの特徴は、求人票の各欄内の文章レイアウトを自社で決めることができるようになる点です。「求人票929シート」の活用で、シートに記載した通りに求人票に反映されるようになるのです（図4－12）。

また、主要5項目プラス1の929文字に絞っていますので、どこから手を付けたらいいかわからないという場合は、まずはこの項目から見直していただくといいでしょう。求人申込書で記載していた場合は、2～3行しか使っていなかった企業も、このシートを目の前にすると、「なんとか埋めなきゃ」と考えるようです。

先ほどご紹介した通り、たくさん記入すれば良いというわけではありませんが、今ま

図 4-12　求人票 929 シートと実際の求人票の対比

【B】 20欄 ： 求人条件特記事項欄(最大 216 文字【27文字×8】)

◇	ま	ず	は	所	長	と	同	行	し	、	ク	ラ	イ	ア	ン	ト	を	引	き	継	ぎ	な	が	ら	仕	事
	の	流	れ	を	理	解	し	て	い	た	だ	き	ま	す	。	研	修	期	間	は	6	ヶ	月	ほ	ど	。
	会	計	事	務	所	で	の	経	験	を	お	持	ち	の	方	は	、	あ	な	た	の	ご	希	望	を	考
	慮	し	、	業	務	を	お	任	せ	し	ま	す	の	で	、	お	気	軽	に	ご	相	談	く	だ	さ	い
◇	い	ま	話	題	の	ク	ラ	ウ	ド	会	計	を	積	極	的	に	導	入	し	て	い	ま	す	。	初	め
	て	の	方	に	も	親	身	に	指	導	し	ま	す	。												
◇	移	動	は	自	家	用	車	を	使	用	し	、	旅	費	は	距	離	に	て	精	算	し	ま	す	。	

求人条件特記事項	◇まずは所長と同行し、クライアントを引き継ぎながら仕事の流れを理解していただきます。研修期間は6ヶ月ほど。会計事務所での経験をお持ちの方は、あなたのご希望を考慮し、業務をお任せしますので、お気軽にご相談ください ◇いま話題のクラウド会計を積極的に導入しています。初めての方にも親身に指導します。 ◇移動は自家用車を使用し、旅費は距離にて精算します。

出典：上「西村賀彦税理士事務所」の求人票 929 シート／下 同求人票

でが圧倒的に情報量が少なすぎたことを考えれば、まずはこのシートを「埋める」というところをスタートにしても良いかもしれません。

「求人票929シート」と「求人票補助シート」の使い分け方法

「求人票929シート」を使い勝手が良い形に進化させたのが「求人票補助シート（図4－13）」です。

「求人票929シート」と「求人票補助シート」の違いは何かと言いますと、「求人票929シート」から、求人票の4「会社の情報」欄の「事業所内容」と「会社の特長」を除いたものが「求人票補助シート」となります。

この「事業所内容」と「会社の特長」は、すべての求人票に共通して反映される「事業所登録シート」（裏面）に記載する内容となります。求人を出すごとに変更をする必要のない箇所となりますし、「事業所登録シート」には、ご覧のようにマス目もありますので、レイアウトを含めて内容を検討する際は、「求人票929シート」を使用し、「事業所内容」と「会社の特長」の変更の届出は、「事業所登録シート（図4－14）」にて行うようにしています。

図 4-13　求人票補助シート

事業所名：株式会社〇〇〇　　担当者　　作成日：201○年　▼月　□日

課名／役職名：総務課長　　氏　名：波浪　和明　　区　分：フルタイム・パート・季節・出稼ぎ

求人票補助シート　**（「求人申込書」別添資料）**

2欄　：　職種欄（最大28文字【14文字×2】

社労士事務所スタッフ／未経験者
歓迎（可児市今渡）

【A】 3欄　：　仕事の内容欄（最大 297 文字【27文字×11】）

社労士事務所にて下記の業務をお願いします。

・業務用パソコンソフトを使い、顧問先企業様の社会保険な
　どの書類作成補助。
・入所3か月過ぎから電話を受けていただき正職員へ取次ぎ
・郵便物、宅配便などの受発送。
・来客、職員へのお茶出し。
・顧問先企業様配布用の事務所通信等の作成。
・事務所用品の買い出し。
・その他、正職員の補助業務。
・外出には事務所の車を使います。

【B】 20欄　：　求人条件特記事項欄（最大 216 文字【27文字×8】）

・制服は試用期間満了後に貸与しますので通勤服は迷わな
　くてすみます。
・お互い様の精神を大切にしています。所長を含め職員は
　全員子育て中ですが、子どもの病気や学校行事など、み
　んなで助け合いながら勤務しています。
・毎日3時にはお茶やコーヒーを飲みながら休憩をします
・勤務時間中の喫煙、華美な茶髪、イヤリング、入れ墨な
　どは禁止です。

【C】 20欄　：　備考欄（最大 208 文字【26 文字×8】）

・あまり難しい仕事ではありません。
・職員の平均年齢は30歳、平均勤続年数は9年
・社労士資格者を含め即戦力など望んでおりません。
・社内は原則として、年功序列であり、コツコツまじめに
　努力する人に向いています。
・所長は40歳、趣味はNHKのど自慢大会への挑戦です
　（詳しくはHPをご覧ください）
・今回の募集は業務拡大による増員によるものです。

事業所番号：9999－999999－9　　求人番号：99999－99999999

「求人票補助シート」の書き方見本

図 4-14　事業所登録シート（裏面）

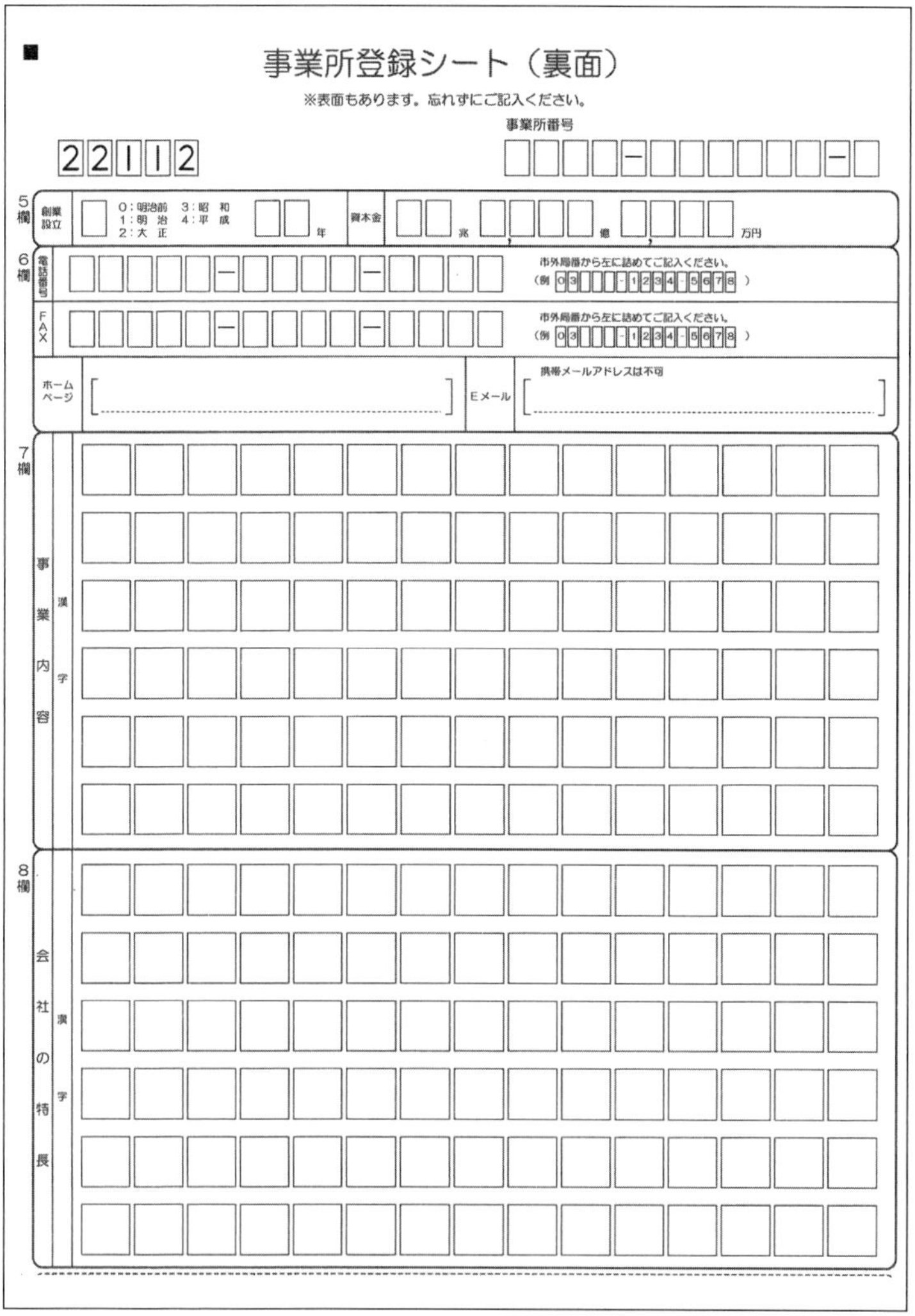

事業所登録シート（裏面）

※表面もあります。忘れずにご記入ください。

22112

事業所番号 □□□□－□□□□□□－□

5欄 創業設立　0：明治前　1：明治　2：大正　3：昭和　4：平成　□□年　資本金 □□兆□□□□億□□□□万円

6欄 電話番号 □□□□□－□□□□－□□□□　市外局番から左に詰めてご記入ください。（例 03□□□-1234-5678）

FAX □□□□□－□□□□－□□□□　市外局番から左に詰めてご記入ください。（例 03□□□-1234-5678）

ホームページ [　]　Eメール 携帯メールアドレスは不可 [　]

7欄 事業内容 漢字

8欄 会社の特長 漢字

出典：ハローワーク

私が普段ハローワークに届け出る際には、この「求人票補助シート」を使用しています。

果たして「求人票929シート」や「求人票補助シート」は、ハローワークで受理されるのか？

この「求人票929シート」は私が作成したオリジナルのシートであり、もちろん行政が作成したわけでも、行政からの認定を受けたオフィシャルなシートでもありません。とすると、「果たしてこのような独自のシートをハローワークが受理してくれるのか」というご質問をいただくことがあります。

私自身の経験としては、今まで拒否されたことはありません。

ただ、このシートを利用されたある社会保険労務士さんからは、「求人申込書に記載してください」と窓口で指導され、受理してもらえなかったことがあるとの報告をいただいたことがあります。

事の真偽はわかりませんが、「求職者にとって有益な情報をわかりやすく提供しようとしたのですが、求人申込書の所定の記入欄には書ききれなかったので、別紙にまとめてきました」という前向きな趣旨の話を窓口ですれば、拒否される理由はないのではないかと思います。

ただ、初めてこのシートをご覧になる窓口の職員の方からは、いくつかご意見や質問をいただくことがあります。以下にいくつか代表例を書いてみます。

Q1：「必ず記載しなければならない文言があるのですが入っていますか？」

A1：ハローワークによっては必ず記載しなければならない文言があります。同じハローワーク内の求人票を事前に何枚か見比べて共通する文言がそれだと考えていただければよいと思います（図4－15）。直接ハローワークに確認してもよいと思います。

Q2：「追加で記載していただきたい文言があるのですが」

A2：事前に把握しておいたとしても、窓口で急きょ、追加の記載を求められる場合があります。用紙を目一杯使っていると追加できない場合がありますので、あらかじめ1～2行空けておくか、差し替えることになることも想定して記載内容の優先順位を決め

図 4-15　ハローワークごとに定められた共通記載事項の例

応募書類	選考後は返却	時
選考結果	7日後 通知方法　郵送	
試用期間	あり　労働条件　3ヶ月 変更なし	
備考	「求人票は個々の雇用契約書ではありませんので、採用時の雇用条件等は面接時にご確認ください」 「会社の画像情報がご覧いただけます。検索画面の左下にある「事業所情報表示」をタッチしてください」	

応募書類	選考後は返却	時
選考結果	5日後 通知方法　電話	
試用期間	あり　労働条件　1ヶ月 変更なし	
備考	「求人票は個々の雇用契約書ではありませんので、採用時の雇用条件等は面接時にご確認ください」	

出典：ハローワーク

ておかれたほうが良いかもしれません。

Ｑ３：「たくさん書いてきていただいたのですが、スペースにも限りがありますので、すべて記載できない可能性がありますが、よろしいでしょうか？」

Ａ３：全国統一の「ハローワークシステム」を使っていますので、先にご紹介した通り同じ文字数を記載することができます。私は他のハローワークでも受理していただいている旨の実績をお伝えしたりしています。ただし、改行する場所やレイアウトまで職員の方に指定することになりますので、「お手数をおかけしますが」等のクッション言葉で配慮を示すようにしています。

Ｑ４：「このシートは、求人申込書のどこに対応していますか？」

Ａ４：求人申込書の該当する欄に、「別添　求人票補助シート〔Ａ〕参照下さい。」等の記載をしています（図４－16）。

図 4-16　求人票補助シートを使用する場合の「求人申込書」への記載例

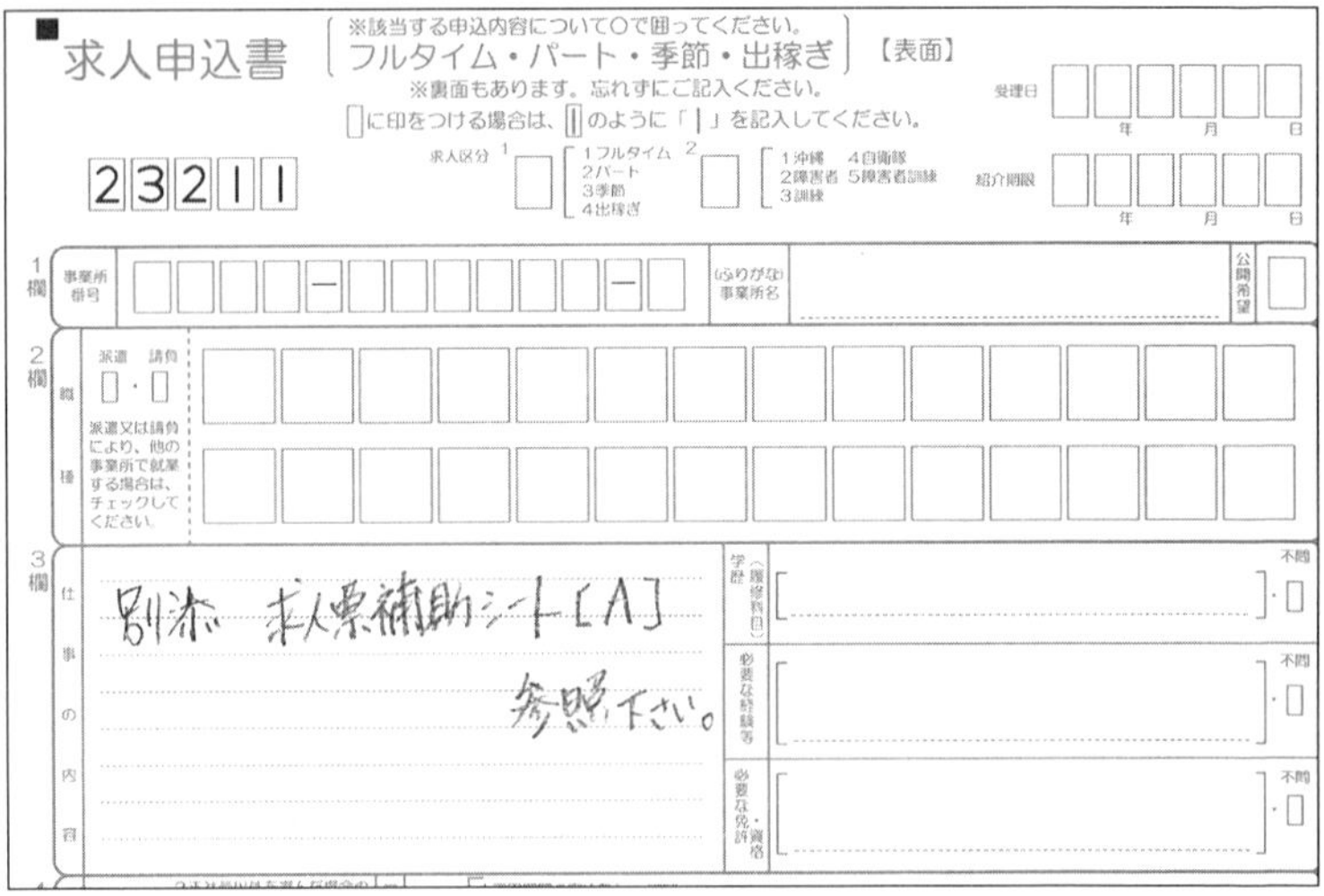

求人申込書　〔※該当する申込内容について○で囲ってください。フルタイム・パート・季節・出稼ぎ〕【表面】

※裏面もあります。忘れずにご記入ください。

□に印をつける場合は、▯のように「|」を記入してください。

受理日　年　月　日

23211

求人区分 1 □ 〔1フルタイム 2パート 3季節 4出稼ぎ〕 2 □ 〔1沖縄 2障害者 3訓練 4自衛隊 5障害者訓練〕

紹介期限　年　月　日

1欄　事業所番号　□□□□－□□□□□□－□　(ふりがな)事業所名　公開希望 □

2欄　派遣 請負 □・□　派遣又は請負により、他の事業所で就業する場合は、チェックしてください。　職種

3欄　仕事の内容　別添　求人票補助シート【A】参照下さい。

学歴（履修科目）〔　〕不問・□

必要な経験等〔　〕不問・□

必要な免許・資格〔　〕不問・□

出典：ハローワークの求人申込書に著者が手書きしたもの

〝欲しい人材〟はどこから、どのように情報を得ているか

ハローワーク求人における〝敵〟の2つ目として考えられるのは、競合する求人が挙げられます。第2章の中で、ハローワーク内に設置された求人情報端末で誰もが検索できるということをご紹介しました。ハローワークインターネットサービスにおいても、インターネット未公開や求職登録した求職者しか閲覧できない求人があるとはいえ、その多くはインターネット上でも見ることができます。

希望する仕事の内容、活かしたい資格・経験・学歴、職務内容、事業内容等を表すキーワードを入力して検索する「フリーワード検索」も利用できるので、ピンポイントで競合する会社の求人票を検索することができます。

では、競合する求人はハローワークの求人票だけかといえば、もちろんそうではありません。自分が求職者だったら、どのように仕事を探してみるか試してみるのが、競合する求人を見つけるにはおすすめです。もし、見当がつかないという方がいらっしゃれば、インターネットを使って求職者になりきって求人を探してみましょう。

簡単な方法としては、Google 等で「求人　営業　建築資材　正社員　岐阜市」などと入力して検索をしてみることです。

この検索結果に出てくる求人が、まさに自社の競合する求人ということもできます。

また別の言い方をすれば、もし予算をかけて有料の求人募集をするのであれば、この検索結果に出てくる求人情報サイトなどが判断基準にもなり得ます。

主な入職経路としては、以下のようなものが挙げられます。

- ハローワーク（公共職業安定所）
- ハローワークインターネットサービス
- 自社のホームページ
- 求人採用サイト（リクナビNEXTやマイナビ転職、エン転職など）
- リスティング広告（GoogleとYahoo!が提供しているインターネット広告サービス）
- Indeed（求人情報専門の検索）
- SNS（Facebook、LINEなど）
- 求人情報誌（タウンワーク、DOMO！など）
- 新聞・チラシ・張り紙等の求人広告
- 店頭に設置されたのぼりやポスター、パンフレットの設置
- 学校紹介

- 民間の職業紹介機関
- 以前の勤務先
- 以前の勤務先の取引先
- 現在の会社からの誘い
- 友人・知人の紹介
- 親兄弟・親戚の紹介

本書のテーマとさせていただいているハローワークは、これらの求人媒体の1つに過ぎません。採用活動がうまく回っている会社は、企業によって人的資源と経済的コストをどこまでかけるかは異なってくると思いますが、人材確保を最重要経営課題であると認識して、これらの媒体を複合的に組み合わせて取り組んでいます。

どのように取り組めばいいか見当がつかないという場合は、地域や同業他社で採用活動が上手くいっている会社を調べてみるのがおすすめです。どんな採用難といわれる業種や地域であっても必ず採用活動が上手くいっている会社はあり、さまざまな取り組みを行っているものです。

自社に合った採用基準を設定する

ハローワーク求人における〝敵〟とは何か、その3つ目は、求職者になります。

皆さんの会社では、欲しい人材のイメージを明確にされていますでしょうか。自社で欲しい人材とは、いったいどんな人材でしょうか。「いい人」、「即戦力」、「経験者」、「有資格者」、もしくはもう少し詳しく分解して、「ポジティブで明るい元気な人」、「コミュニケーション能力が高く、協調性のある人」、「やる気があり自ら積極的に仕事に取り組んでくれる人」でしょうか。

野球で例えてみますと、エースで4番、足も速くて守備もうまい、リーダーシップがあり、華があってお客さんを呼べる、おまけに体が丈夫で怪我もしにくい、こんな選手を求めていないでしょうか。

打撃面ではパワーがなく、心許《こころもと》ないが、内野ならどこでも守れる守備力がある。小粒だがチームのムードメーカーになってくれそうだ。このような自社の譲れないポイントを明確にすることが必要ではないでしょうか。

欲しい人材のイメージを明確にする際には、同じ企業や組織でも採用しようとしている職種や仕事内容、配属しようとしている部署や将来担ってほしいポジションや役割などによって、求める人物の掘り下げ方は変わってきます。

皆さんの会社で採用したい人は、同業他社で活躍している人をイメージしている場合があります。

そもそも同業他社で活躍しているような人が自社に入ってきてくれるでしょうか。それよりも、現在、自社で活躍している人、もしくは今まで活躍してくれていた人をイメージしてみるのが自社に合った人の採用の近道だと考えます。

欲しい人材のイメージを明確にする方法

では、現在自社で活躍している人、もしくは今まで活躍してくれていた人を、欲しい人材とイメージした場合、どのようにすれば明確にできるでしょうか。

その方法をいくつかご紹介します。

(1)適性検査

自社で活躍している人を対象に適性検査を実施して、彼らに共通する要素を洗い出します。

(2)コンピテンシー(仕事ができる人の行動特性)

自社で活躍している人の特徴や思考、行動をアンケートやインタビューなどを用いて情報収集し、その結果を分析します。これらの実施には時間もコストもかかるため、私はたたき台となる用意されたコンピテンシーの中からピックアップする「従業員全員参加型のワークショップ形式」を用いて1日で作成する手法を用いています。

(3)ペルソナ(求める人物像)

自社で活躍している人の年齢、性別、居住地、職業(職歴)、役職、年収、趣味、特技、価値観、家族構成、生い立ち、休日の過ごし方、ライフスタイルなどリアリティのある詳細な情報を分析して、求める人物像として設定します。ペルソナ設定のポイントは、「エースで4番」のような理想・架空の人物像ではなく、実在するであろうリアリティのある人物像をいかに設定できるかにかかっています。

求人票を書くことは、ラブレターを書くこと

求人票のアドバイスをさせていただきますと、「100点満点の求人票」を目指しすぎて、行動に移せないという場合が多々あります。そんなときは、「お気持ちとしてま

だ70点の求人票であったとしても、まず求人票を出してみませんか？」とご提案しています。「理論や理屈よりも実践、行動が大事」とよく言われますが、求人の世界でも同じだと考えるからです。

しかし、「自社の欲しい人材のイメージを明確にすること」は例外です。

なぜなら求人票を作成する前に、あらかじめ欲しい人材のイメージが定まらないことには、欲しい人材は採用できないからです。具体的にはラブレターをイメージしていただくとわかりやすいと思います。口説く相手が曖昧な状態で、ラブレターを書く人はいません。それは1対1のメッセージだからです。自社の欲しい人材を明確にした上で、その相手を口説き落とすための求人票のメッセージや条件を考えていくという順番になります。「ハローワークで応募してくる人にろくな人はいない」、「ハローワーク経由で入社してくる人はすぐに辞めてしまう」という話をよく耳にします。

しかし、そういう企業に限って、ハローワークで求人を出す際にこの手順が踏まれていません。だからこそ、「ろくな人しか応募してこないし、しかも採用してもすぐに辞めてしまう」のではないかと思います。

ここでは、簡単なペルソナ（求める人物像（図4-17））の設定方法についてご紹介します。ぜひお試しください。

(1)自社で実績を上げている従業員を3名ピックアップし、プライベートも含めて特徴を書き出す

- 基本情報（年齢、性別、居住地、出身地、家族構成、職業・職歴、生い立ち、趣味、キャリアプラン）。
- 仕事内容（業務内容、役職、ミッション、仕事におけるモチベーションや不満、キャリアパス）。
- ライフスタイル（起床・就寝時間、通勤時間、勤務時間、残業時間／休日休暇の過ごし方）。
- 価値観（働き方に対する考え方、大事にしたいこと、将来の夢）。
- 接触ツール（スマホ、パソコン、雑誌、書籍、Ｗｅｂサイト）など。

(2)それぞれの特徴をまとめて一人の従業員像を作り上げる

- 従業員が辞めてしまっていない場合：過去にいた従業員で素晴らしかった社員も含

図４-17　事務職員のペルソナ例

３７歳、女性、既婚。現在は、専業主婦。愛知県一宮市出身。
家族3人で暮らす。夫、本人、子供（６歳）。
大学（文学部）を卒業後、機械商社の名古屋営業所に営業事務で
６年間勤務した。２９歳の時に結婚を機に退社。夫の勤務先に近い可児市にて
新生活をはじめ、子供の小学校入学を機に扶養の範囲内で事務の仕事をしたい。
幼稚園の送り迎えの時間に合わせて、働くことができるのは９時から１５時まで、
週に４～５日。収入よりも働きやすさや家の近くで働くことを重視したい。
結婚前の営業事務の経験を生かしたいと思っているが、８年間ブランクがあり心配。
高校時代はバスケットボール部に在籍。性格は明るいと自覚している。
初対面の人とも早く打ち解けられる。話すのも聞くのも好き。
細かなことまで気が付く、と友人から褒められたことあり。
趣味は旅行。国内なら京都や金沢など、おいしいものが食べたい。
ファッション、流行には興味はあるが、特に追うことはしない。
自分の好みを重視して落ち着いたものを身につけるようにしている。
パソコンスキルは文書作成や表計算の入力程度なら問題ない。・・・など

めて考える。

・今まで該当する従業員がいない場合：取引先などの従業員で、素晴らしいと思った人を思い出してみる。

・具体的にイメージできるまで設定しつつも、条件を絞りすぎず、こだわりすぎない。

・作り上げる工程で常に「現実にこういう人は存在するのか？」と問いただす。

(3)作りっぱなしにしない

・作り上げた従業員像を社内で検討し、関係者間で常に共有する。

・実際に存在する人物像をイメージすればするほど、欲しい人物像は変化していくもの。定期的にイメージをブラッシュアップしていく。

ハローワークの求人票は、求職者の身内に向けて書く

ハローワークの求人票は、いったい誰に向けて作成するのでしょうか。私は3つの視点が必要だと考えています。

1つ目は言うまでもなく、お仕事探しをされている方、求職者に向けてです。ハローワークで求職登録をされている方はもちろん、ハローワークに求職者の登録をしていない方、お仕事中、在職中の方も対象となるのがポイントです。

ハローワークには在職中の方も次の転職先を探すために登録して仕事を探すことができます。また先にもご紹介した通り、ハローワークインターネットサービス等で、自宅でもハローワークに掲載中の求人を検索・検討することが可能です（図４－18）。

即《すなわ》ち、求職者のターゲットとしては、ハローワークに来所している方だけではなく、在職中の方を含めたすべての求職者と定義づけることができます。

２つ目としては、求職者の就労支援をしている方を意識して求人票を作ることです。求職者を就労支援しているのはハローワーク職員だけではありません。事業所が希望する場合のみですが、ハローワークの求人票は、地方自治体や民間職業紹介事業者などハローワーク以外の職業紹介事業者にもオンライン提供することができます（図４－19）。

地方自治体も、各都道府県内での就職・転職を希望する方、学生の方の就職活動を応援（Ｕ・Ｉ・Ｊターン希望者の就職支援）する取り組みを行っています。

ある県の担当者の方と話していた際に、県内での就職・転職を希望する方の受け入れ

図 4-18　在職中でもハローワークで求職登録できる

Q4.在職中なのですが、求職登録はできるのですか。

A4.ハローワークでは在職者の方でも求職申込をしていただき職業相談・職業紹介を行っております。ただし、退職の時期がはっきりしていない場合などには、求人企業の方や現在お勤めの会社等との無用なトラブルを避けるため、配慮が必要となる場合がありますので、ご留意ください。
なお、ハローワークインターネットサービスでは、ハローワークで記入していただく求職申込書（手書き）の内容を、事前に入力して仮登録することができます。求職登録の手続きについては求職申込み手続きのご案内をご覧ください。

出典：ハローワーク

を積極的に行っていただける企業に関しては、求人票の「オンライン提供の希望」を「可」にした上で、「Ｕターン・Ｉターン・Ｊターンも歓迎」といった文言を記載しておいてほしいと聞きました。

「Ｕターン・Ｉターン・Ｊターン」というキーワードを基に検索をして、求職者だけでなく、地方自治体等の就労支援をされている方も求人を検索しているのです。「この地域には働き手になるような人がいない」ということであれば、他の地域から呼び込む仕掛けが、たった１つのキーワードを埋め込むだけでも可能となります。

最後の３つ目は求職者の関係者の方です。ご両親やご家族、友人などが対象となります。求職者が就職先を検討しているときや応募を決意されたとき、これらの関係者の方に、このハローワークの求人票を見せる機会があります。面接も終わり、内定を出した後にもかかわらず、「家族に反対されてしまったので、内定を辞退します」と言われるのはよくある話です。

実際は別の理由があるものの、角が立たない内定辞退の理由として使っている場合もありますが、実際に「聞いたことがない会社だけど、本当に大丈夫なの？」などと心配

図 4-19　ハローワークの求人情報のオンライン提供のイメージ図

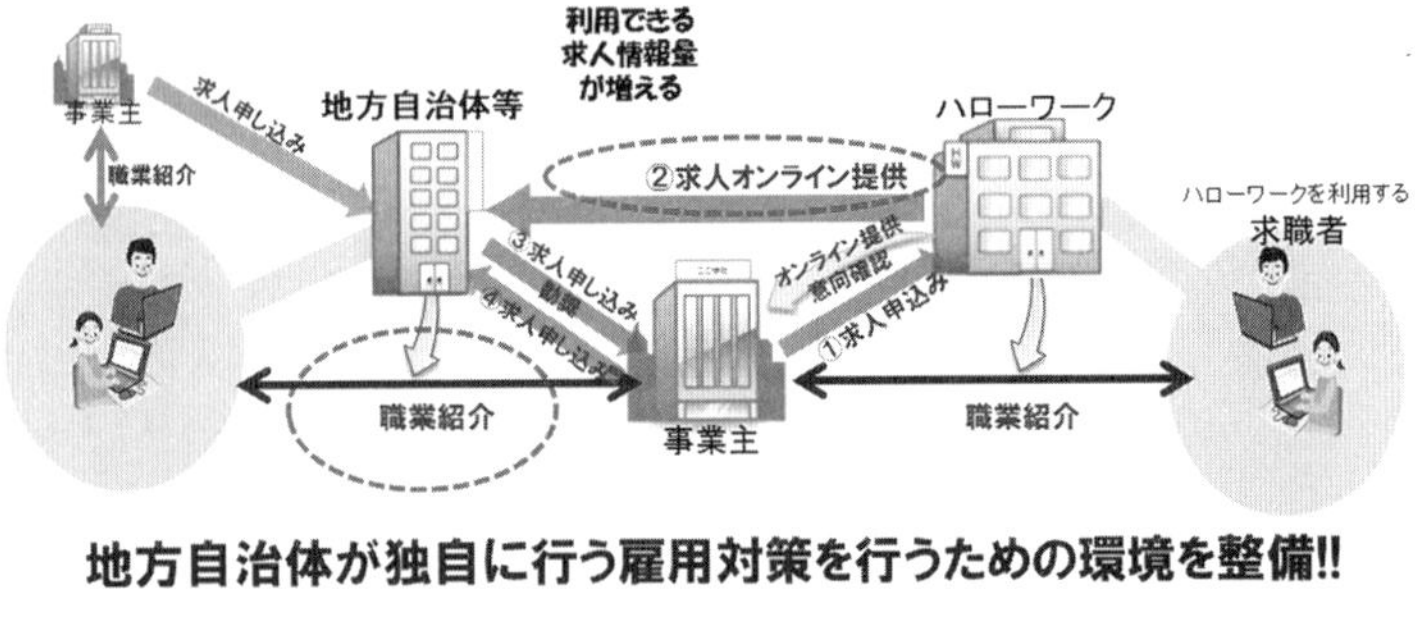

出典：厚生労働省ホームページ

されることはあり得ることとです。そんなときはハローワークの求人票を見せて、求職者の関係者の方の「心配」を払拭する必要があります。

また、直接ハローワークの求人票を見せなくても、求職者の方が反対するご家族等を説得する場合の材料ともなります。

「一般的にはまだ知られていなくて規模も決して大きな会社じゃないけれど、地域密着型の住宅メーカーで、〇〇地域で〇年連続着工数がナンバー1で安定しているんだ」

このように、求職者の方が説明できるように、ご両親やご家族、友人などを説得するための情報を求人票の中に用意しておいてあげるという視点も重要であることがご理解いただけるのではないかと思います。

一方、ハローワークの求人票を見てしばしば感じることがあります。それは、その内容がお取引先やお客さまを意識した内容となっていることとです。

言うまでもありませんが、ハローワークの求人票はお取引先やお客さまが見るものではありません。ご紹介した通り、求職者やハローワークの職員、求職者の関係者の方々がご覧になるものです。

求人票を作成しながら、「誰に向けたメッセージになっているのか？」を意識するようにしていただきたいと思います。

ハローワーク求人における〝己〟を知る

【1】求人票の作成前に「自社分析」をする目的とは

ハローワーク求人における〝己〟とは、ずばり自社やその仕事の魅力といってよいと思います。求職者の方や学生さんが、就職活動を始める前や、履歴書や職務経歴書を作成されるときに行う「自己分析」を求人する企業でも行うのです。「自己分析」になぞらえて「自社分析」をする目的は、以下の2つではないでしょうか。

（目的1）採用活動で自社をアピールするため

採用活動において、自社の価値を明確にしておくのは大切なことです。急に自社の強みを聞かれても、「うちの会社なんて大したことないから、何も言えない」などと答えてしまう企業も意外と多いと思います。

しっかりと自社の分析を行い、過去の実績、現在の状況、将来へのビジョンをもとに、自社の強み、他社との違いを自社の言葉で伝えられるようにしましょう。

(目的2)自社に合った求職者を見つけるため

自社分析の目的の1つは、自社に合った求職者を見つけるためです。自社の特長や価値観を探り、どんな人を採用したいのかを掘り下げていきましょう。一般的には自社の特長や価値観について普段からあまり意識することはないので、会社によっては難しい作業に感じるかもしれません。自社に合った求職者を見つけるのは、それほど簡単なことではないのです。

【2】自分で考える自社の強みはたいてい間違っている

私は求人票を作成する際のお話を伺う前に、事前にヒアリングシートをお送りして記載できるところだけ先に記入してもらっています。

記入していただいたシートを拝見していると、なんとなく「ウチの強みは◯◯だろう」と目星はついているのだけれど、それが本当に強みなのか自信がない。そう感じる方も多いものです。中には、これだ！　と確信されている強みが、私や第三者からするとまったく違っていたこともよくあります。

「誰でも、自らの強みについてはよくわかっていると思っている。だが、たいていは間違っている。わかっているのは、せいぜい弱みである。それさえ間違っていることが多い。しかし何ごとかをなし遂げるのは、強みによってである。弱みによって何かを行うことはできない」（『プロフェッショナルの条件』 P・F・ドラッカー著／ダイヤモンド社）

【3】自社の魅力、仕事の魅力を発見する方法とは

では、手っ取り早く、自社の魅力、仕事の魅力を発見するにはどうすればいいかというと、お客さまに直接聞くことです。求人におけるお客さまといえば、求職者の方となります。もちろん、これから応募しようとする方に聞くことはできませんので、以下の方々が対象となってきます。

●新入社員や若手など入社歴の浅い社員　●ベテラン社員　●転職組の社員

これらは実際に他社ではなく自社を選んで入社し、頑張って働いてくれている方には、何かしらの理由があったはずなので、それがわかれば自社の強みもわかるはずです。経営者や採用担当者だけで考えて悩んでいても時間のムダで、聞いてしまったほうが手っ取り早いということがあります。

その他の方法としては、他社事例についての情報を持つ顧問の税理士や社会保険労務士などの士業やコンサルタント、まったく別の角度として、取引先企業の担当者から自社の魅力や意見をもらうのも有効です。なお、私が社員の方から聞き取りをするのは以下のような内容です。参考にしてみてください。

【ヒアリング内容】

・前職はどんなお仕事をされていましたか？　経験職種、業界は？

・前職の退職理由は？

・今までどのように就職・転職活動をしてきましたか？

●紹介を依頼　●ハローワークに通う　●求人誌を見る

●インターネットで検索する　●地域情報誌を見る
●新聞の折り込みチラシを見る　●学校に紹介を依頼する　●その他

・現在の会社への入社動機は？　決め手は？
例：給料、仕事内容、家から近い、休みが多い、自分に合う、紹介だったから、周りの人の評判

・入社にあたって、絶対に外せない条件等は何だったか？
例：給料（　　万円以上）、仕事内容、家からの距離、休みの日数（　　日以上）、休みの曜日（例：日曜日は必須）、会社の雰囲気、会社の規模、その他（　　　　）

・入社するまで心配だったことは何か？
例：未経験だが仕事が覚えられるかどうか？　社長、上司はどんな人か？　休みは取れるか？

・上記の心配事に対して、入社して実際どうだったか？
例：休みは決して多いほうではないが、盆暮れにはまとまって休めるのは嬉しい。社長は口は悪いが人情味がある。経験がなくてもコツコツやれば仕事はなんとかなる。

・どんな人と一緒に働きたいか？　どんな人に入ってきてほしいか？　性格、経験、

実績、趣味等なんでも。
・働いていて楽しい瞬間、嬉しい瞬間は何か？　具体的なエピソードまで。
・この仕事の大変なところは？　入社される方に、これだけは覚悟しておいたほうがいいことは？
・他の会社と違うところは何か？
・ウチの会社を一言で表現すると？（キャッチフレーズ）
例：挑戦、ザ・体育会系、野武士集団、雑草魂、見た目は怖いが実はいい人の集まり、女性社会、大きくなくてもキラリと光る確かな技術

ハローワークの求人票には何を書いてもいい（原則）

私は、誤解を恐れずに言えば、ハローワークの求人票には原則、何を書いてもいいと思っています。このようにお伝えすると、「でも、年齢や性別を限定することはできないですよね？」などとご意見をいただきます。もちろん関係法令に反しない範囲で何を書いてもいいというのは、言うまでもありません。

原則：何を書いてもいい
例外：法令に反することは書いてはいけない

これは一見、当たり前のように思えるのですが、ハローワーク求人票では、この原則と例外が逆転してしまっているのです。

つまり、「求人申込書」は、ハローワーク＝公共職業安定所＝国に提出をする書類で、「余計なこと」は一切書いてはいけないものである、という意識が強くあるのです。

さらにハローワークの求人受理の窓口では、「法律でこれは書いては駄目なんです」、「これは法律に反するので、このままでは受理できません」などと言われているうちに無難な表現や必要最低限の項目だけを埋めて、窓口では職員から法令違反等の指摘を受けることなく、つつがなく受理してもらうことが目的となってしまいがちです。

特に我々社会保険労務士であれば、労働社会保険諸法令に基づく書類の作成や、その書類の提出の代行が主な業務の1つであり、行政の窓口で法令違反の指摘を受けることはもちろん、持参した書類の訂正を求められることは、プロフェッショナルとして恥ずかしいこと、という認識があるので、なおさら慎重な求人票となりがちです。

しかし、求人票の目的は、ハローワークの窓口でつつがなく受理されることではなく、自社の欲しい人材の採用であることは言うまでもありません。ハローワークの求人票も、他の求人媒体と同じように、自社の欲しい人材を採用するための「求人広告」であるというように発想を変えていただくことで、自由に求人票を活用することができるようになります。

求人票で、応募者に対して要求するのはＮＧ

次のうちで、求人票で効果的でないのはどれでしょうか？
（１）やる気がある人求む！
（２）ガッツのある人を求めています！
（３）自己管理できる人歓迎！
（４）人と接することが好きな人、集まれ！
（５）率先して動ける方、ぜひご応募ください！

これらのメッセージはすべて、会社から応募者に要求していることに過ぎないのです。「何を書いてもいい」とお伝えするとこういうメッセージが多くなりがちです。これらの言葉が悪いというわけではありませんが、「応募者自身にとってメリットが感じられる言葉かどうか」をポイントに見直してみるといいでしょう。

大切なのは、「前職の退職理由を解決する」という視点

求職者は転職にあたって、いったい何を求めているのでしょうか。新卒の方以外であれば、何かしら前職を辞めて新しい就職先を探していることになります。

前職の退職理由と同じ轍《てつ》を踏まないように、その退職理由を解決するという視点が求人票にも求められてきます。また求職者だけでなく、その家族などにとっても、皆さん方の会社の業界や職種にまつわる負のイメージや不安を抱えている場合もあることでしょう。介護業界を例に見てみましょう。

よくある退職理由（介護業界）

人手不足・賃金に対する不満・有給休暇が取得しにくい・身体的負担・社会的評価の低さ・休みが取りにくい・人間関係・夜間業務への不安・健康面への不安・勤務時間が不規則・労働時間が長い・福祉器具の不足、操作への不安

介護業界のすべてがここに挙げたような状況ではもちろんありません。重要なのは、業界経験者はもちろん、未経験の方やそのご家族などが、「介護業界ってこういう話をよく聞くから心配だわ」と考えていらっしゃる可能性があるということです。

これを踏まえて求人票には、よくある業界の退職理由やネガティブなイメージに対して以下のような具体的な取り組み事例や、先輩の声や事例で応えていくことが有効です。

（A）自社ではこれらの問題に対してどんな取り組みをしているか？

（B）先輩社員たちはこれらの問題に対して実際どう感じているのか？　どう乗り切っているのか？

第5章

ハローワーク採用の絶対法則

求職者と出会うためには、職種名が最も重要

「製造工」と「スマホ部品製造工程での機械オペレータ」

この2つの表現のうち、どちらの職種名が求職者の興味や関心をひくでしょうか。もちろん、具体的な仕事内容がわかる「スマホ部品製造工程での機械オペレータ」であることは理解していただけると思います。

先ほどもご紹介した通り、「求人申込書」は国の機関である公共職業安定所（ハローワーク）に届け出る書類の一種。会社としては、過不足なく記載し、窓口で指摘を受けることなく、受理してもらうことに意識が向きがちです。

職種名も、職業分類にあるような無難なものになってしまいやすいのですが、求職者の立場で見てみるとどうでしょうか。

「作業員」と「小さくて軽い部品の検査・組立」
「営業」と「福祉用具のルート営業（既存顧客管理）」

「販売員」と「オリジナル革小物の販売スタッフ／有楽町」

「介護職」と「介護職員（オープニング・デイサービス・学童併設）」

これだけ見ていただければ、一目で仕事の内容や求職者が知りたい＋αの情報を職種名に込める意味をおわかりいただけるのではないかと思います。

また、求職者の求人情報端末やハローワークインターネットサービスでの検索方法についても考察してみると、その多くは、自分のやりたい仕事（職種）で検索をしています。すると求人情報一覧には、同じような職種名の求人情報が並ぶことになります。

独立行政法人労働政策・研修機構の報告によると、ハローワークインターネットサービスの求人情報一覧ページの項目の中では、調査した41名全員（１００％）が職種欄に注目しており、職種名が最も重要であることは科学的にも示されています（図５－１）。

職種名とは、書籍のタイトルのようなものとも言えます。つまり、職種名を読んだときに自社の欲しい人材にとって、「オッ」と興味・関心をひくコピーになっているかどうか、見直していただきたいのです。なお、ハローワークの求人票（図５－２）では、

図 5-1　Web 求人情報の一覧ページにおける注目項目

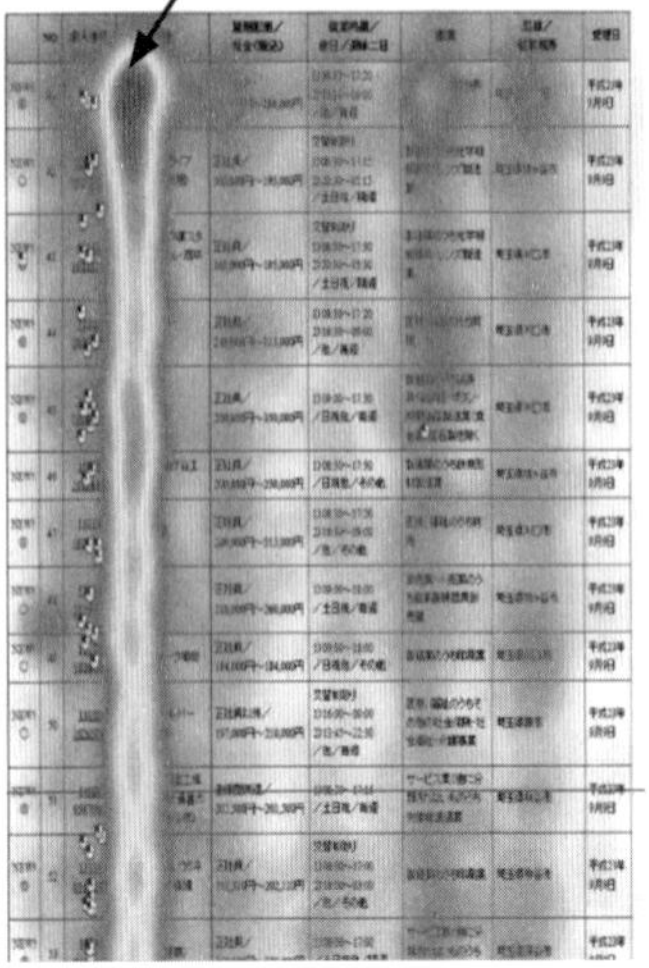

ハローワークインターネットサービス
求人一覧ページ

アイトラッキングによる
視線の動き
求職者のヒートマップ

アイトラッキングによる視線の動き

(2) Web 求人情報の一覧ページでの注目項目

調査協力者全員を対象に、注目したという回答が多かった順に並べたものを図表 1-1-76 に示す。その結果、最も回答頻度が多かった項目は職種であり、41 名全員(100%)が注目したと回答していた。二番目に回答頻度が多かった項目は就業場所であり、17 名(41.46%)が注目したと回答していた。三番目に回答頻度が多かった項目は雇用形態であり、11 名(26.83%)が注目したと回答していた。四番目に回答頻度が多かった項目は産業であり、9 名(21.95%)が注目したと回答していた。五番目に回答頻度が多かった項目は賃金であり、8 名(19.51%)が注目したと回答していた。以下、就業時間・休日といった意見が挙げられていた。

図表1-1-76 Web 求人情報の一覧ページにおける注目項目(全体)

	全体(n=41)	回答頻度	割合(%)
1	職種	41	100.00%
2	就業場所	17	41.46%
3	雇用形態	11	26.83%
4	産業	9	21.95%
5	賃金	8	19.51%
6	就業時間	5	12.20%
7	休日	1	2.44%

出典：労働政策研究・研修機構　「労働政策研究報告書　No.147」

図5-2

求人申込書【表面】2欄

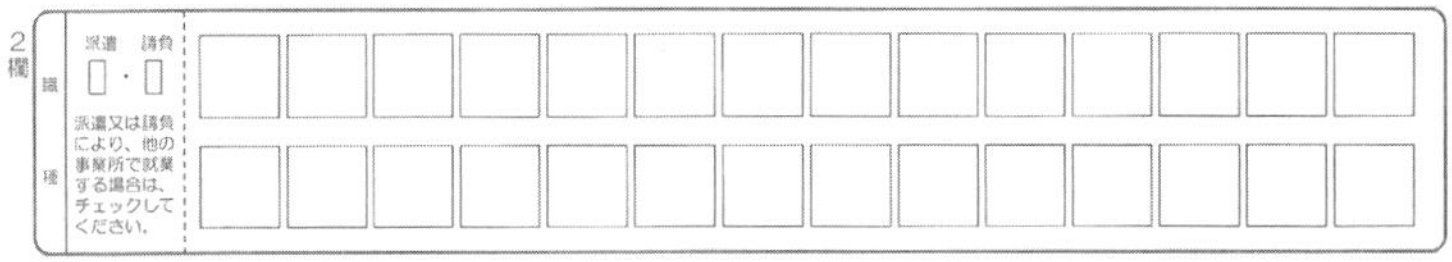

出典：ハローワーク

求人票の職種　記載例

出典：「たのしい株式会社」求人票

職種名に28文字を使用することができます。この28文字を有効活用して、他社との差別化を図っていきたいところです。

事業内容は〝応募者〟がどんな会社かイメージできること

事業内容欄には最大で90文字まで記載することができます（図5－3）。

ここでのポイントは、「応募者が」どんな会社なのか、「具体的に」イメージできること。

事業内容欄は、ただ単に業種がわかればよいというものではありません。求職者は、同業他社の求人票を横に並べて検討しているものです。その会社ならではの個性が表れているような紹介文にすることが理想です。

「会社名だけを変えて流用しようとしても、そのままでは他社が使えない」レベルにする必要があります。具体的には、固有名詞や数字（実績）などを具体的で客観的な表現にして盛り込むことが必要です。

図5-3

事業所登録シート【裏面】7欄

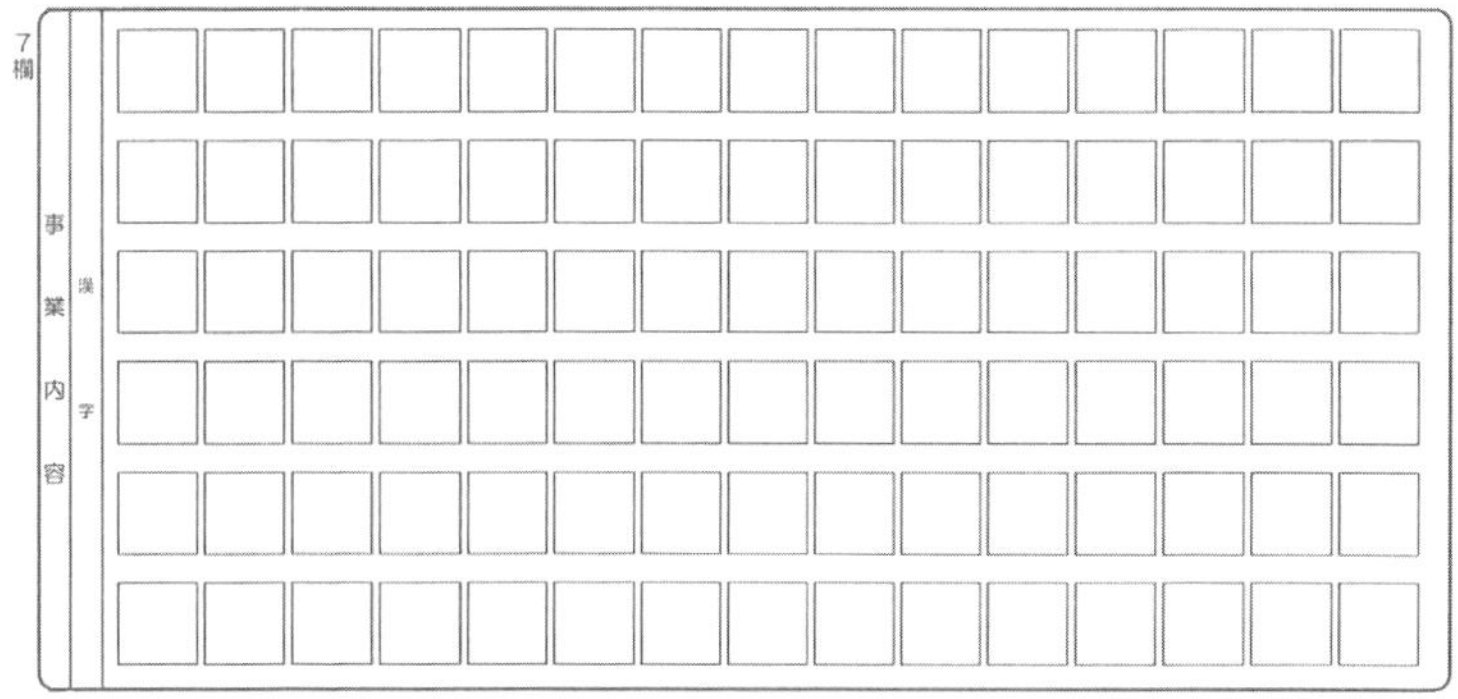

出典：ハローワーク

会社の事業内容　記載例

事業内容	3時間リハビリデイサービス「ありがとサンハ百津」「ありがとサン美濃加茂」と訪問治療「からだ元気治療院みのかも店」を展開中！地域に密着し、地域に愛される会社（人）づくりを目指します

出典：「たのしい株式会社」求人票

〈記載例〉

- 和食中心のお惣菜《そうざい》を販売するデリカショップ「△△△」を関東地区の百貨店、ショッピングセンターに出店しています（30店舗）。また、○○県☆☆市に食品工場があります（79文字）
- 社会保険労務士業。「人が育つ、会社が伸びる」をモットーに、契約している顧問先企業様の社会保険の手続きや労務相談などを通じて、経営者やそこで働かれている人たちに安心感を届ける仕事です（90文字）
- 機能訓練特化型3時間デイサービス。食事・入浴介助はなく、機能訓練・機能整体や足湯等のサービス提供。ご利用者さまが在宅で安心して過ごせる様、筋力維持向上を図り笑顔と元気を取り戻します（90文字）
- 開業2年目の新しい税理士事務所。所長は○○歳で、お客さまも若く、意欲のある方が多い。お客さまの税務申告や記帳だけでなく、お客さまに寄り添った会社経営に役立つアドバイスを心がけています（90文字）

会社の特長が、〝求職者にとっての〟会社の特長になっていること

求人票の「会社の特長」欄には最大90文字まで記入することができます（図５－４）。私は、「会社の特長」の前に、「求職者にとっての」という言葉をつけて考えるようにしています。それは「お客さまにとっての会社の特長」ではなく、あくまでも「求職者にとっての会社の特長」とする必要があるからです。

会社案内のパンフレットや会社ホームページの事業内容、社長のメッセージなどから抜粋して記載しているのはよく見かけるパターンです。これらのものは、通常、お客さまや取引先に向けたメッセージとなっていますので、そのまま抜粋したような記載では効果的でないことはご理解いただけると思います。

それでは、「求職者にとっての会社の特長」とは何かと考えてみますと、求職者が会社について知りたいと思っている情報。つまり、会社の雰囲気や働きやすさ、そしてその会社で自分がどのように成長できるのか、といった部分ではないでしょうか。具体的な項目としては、以下の通りです。

図 5-4

事業所登録シート【裏面】8 欄

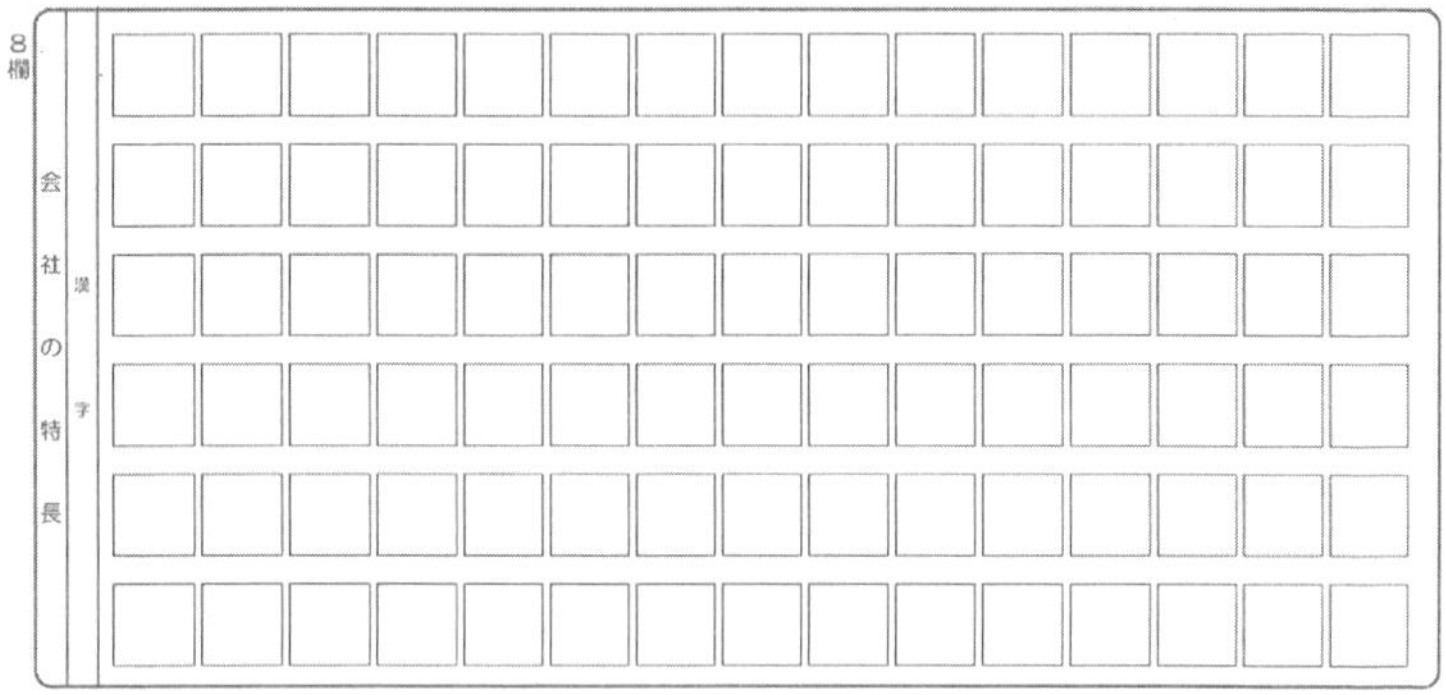

出典：ハローワーク

会社の特長　記載例

会社の特長	心を高める、経営を伸ばす。全従業員の物心両面の幸福の追求をします。「たのしい」をモットーに笑顔と夢とありがとうを大切にしています。これからの医療介護業界を若さと元気で変えていきます

出典：「たのしい株式会社」求人票

・会社の経営方針やミッション
・社内の雰囲気や企業文化、社風
・教育研修制度
・今後の事業展開

会社の特長でも、事業内容と同じく重要なのは、具体的なその会社ならではの内容となります。

求人票を見ていると、「雰囲気の良い職場です」、「人間関係がよく、働きやすい職場です」などの決まり文句を掲載して安心されているケースを見かけます。ここでも「会社名だけを変えて流用しようとしても、そのままでは他社が使えない」レベルかどうかをポイントに見直してみるべきでしょう。

なお、会社の特長欄は事業所登録シートに記載して、初めて求人を出すときに登録しています。

「平成10年に創業したばかりの新しい会社です」というように、初めて登録した平成10年のままの情報となっている場合があります。事業内容と会社の特長は、意識的に最新の情報にアップデートすることが必要です。

（記載例）

- 当社の商品は幅広い年齢層の方に支持され、今年も3店舗を新規出店しました。入社時には当社独自の教育研修プログラムを全員が受講、安心安全の食品衛生と接客で高い評価をいただいております。（90文字）
- 「たのしい」をモットーに、笑顔と夢とありがとうを大切にする会社を目指しています。これからの介護業界を若い力が元気に変えていきます。明るく働ける職場を作ります。（79文字）
- 当社の強みは強い集客力。経済産業省から認定を受けた当社ホームページやSNS、チラシ、口コミ等から多数お問い合わせをいただき業績好調。5期連続で2ケタ成長を続けています。（84文字）
- 日本唯一のハローワーク専門社労士事務所として、ローコスト採用支援に強み。教育、評価といった人事コンサルティングまで手掛ける。岐阜労働局「新はつらつ職場作り宣言」事業所。（84文字）

仕事の内容を詳しく書きましょう、はウソ

（図5－5）の「仕事の内容」欄は、最大297文字（1行27文字×11行）まで記入することができます。

ハローワークの「求人申込書の書き方」の「仕事の内容」の記載例の注釈には次のように記載されています。

「求職者が最も重要視する項目の1つです。詳しい記入をお願いします。文字数が多いほど応募者が多いという調査結果もあります」

なるほど、その通りで間違いがないように思いますが、私としては重要な説明が抜けているがために、ハローワークには残念な求人票ばかりになっていると感じています。抜けている重要な説明というのは、「自社の欲しい人材が知りたい情報」を詳しく記入するということだけです。「そんなことか」と思われた方もいらっしゃると思いますが、実はこんな当たり前のことが、多くのハローワークの求人票ではできていないのです。

なぜできていないかといえば、第4章でご紹介した自社の欲しい人材のイメージを明確にできていないためです。どんな相手かもわからない人に、ラブレターでどんなにた

図5-5

求人申込書シート【表面】３欄

３欄

仕事の内容	

出典：ハローワーク

仕事の内容　記載例

仕事の内容	お客様を元気に、寝たきり予防のお手伝いをする仕事です！ ☆機能訓練リハビリ・・・生活の質の向上のための予防トレーニングの指導を行います。 ☆機能整体・・・関節可動域の改善と血行促進等の身体を癒やす施術をするセラピストになれます ☆送迎業務・・・福祉車両は使わず、軽自動車や普通車です ☆３時間のデイサービスなので、午前と午後の２部制です。 ☆ご利用者様としっかりとコミュニケーションが取れ、家族のような雰囲気で和気あいあいと過ごせる職場です！ ☆入浴介助・食事介助は一切ありませんので介護未経験者でも慣れやすいお仕事です。

出典：「たのしい株式会社」求人票

くさん綴《つづ》ってもその想いは届きません。

あるレストランで、土日の昼と平日夜の時間帯のみに働いてくれるパートさんを採用したいという求人票を拝見しました。それは、びっしりと仕事の内容が事細かく記載されていただけでした。レストランで土日の昼と平日夜の時間帯のみに働いてくれるパートさんってどういう人なんだろうかと疑問だったので、オーナーと従業員さんから次のような内容を簡単にヒアリングしてみました。

「今までどんな方がいて、頑張ってくれていましたか？」
「最初どんな心配をされていて、働き始めた後はどうでしたか？」
「働いていてどんなところがいいっておっしゃってました？」

これぐらいの内容を聞くだけでも、たくさんのヒントを得ることができます。

- 地元に在住の40〜50代の女性で、若かりしころ飲食店での勤務経験あり。ただし、レストラン自体は未経験で、結婚や子育てを経てブランクがあり、心配だった。未経験ＯＫのところで探していた。

- 主婦が普段する家事のような仕事内容だったので、仕事がスグに覚えられ楽でした。
- 夫もサービス業で休みや労働時間が不規則。夫の休みに合わせたいと思っていたが、2週間おきにシフトが決まるから融通が利きやすい。
- 子供が大学に進学するため教育費を稼ぎたい。現状では扶養の範囲内での勤務が希望だが、希望すれば長時間勤務にも対応してくれるというのは安心。地元でも有名なレストランのまかないが食べられる上、食費も節約できて一石二鳥。

これらの内容が、自社の欲しい人材の知りたい内容だとわかれば、あとは求人票に記載していくだけ、ということになります。

ハローワークの「求人申込書の書き方」の「仕事の内容」の記載例の注釈に「求職者が最も重要視する項目の1つです」と記載されている通り、最も多くの文字数が記載できる重要なスペースとも言えます。

求職者が求人票のどの項目を最も見ているのかを知ること

（図５－６）は、求職者の方が求人票を見るとき、どの項目を見ているか、どの項目が最も長く見られているか、注視時間の長い順に拾い出した調査結果です。

求職者が、最もよく見ているのは、仕事の内容欄で、以下、就業時間、就業場所、休日等、所在地と続いています。データからも、仕事の内容欄は最も重要なことが示されています。

（図５－７）（図５－８）は、男女別の視線の動きを表しています。男女とも仕事の内容・所在地・就業場所・就業時間・休日といった項目をよく見ているものの、男性と女性で注視ゾーンが若干異なっていることもわかります。

自社の欲しい人材のイメージに合わせて求人票を作成する際の参考となります。

図 5-6　求人票の注視時間

	全体(n=40)	合計注視時間（秒）	割合(%)
1	仕事の内容	724.02	18.05%
2	就業時間	360.80	8.99%
3	就業場所	256.65	6.40%
4	休日等	215.90	5.38%
5	所在地	181.83	4.53%
6	事業所名	163.16	4.07%
7	職種	154.84	3.86%
8	手当	144.93	3.61%
9	雇用形態・雇用期間	105.64	2.63%
10	試用期間	102.92	2.57%
11	基本給	97.84	2.44%
12	従業員数	90.56	2.26%
13	会社の特徴	80.58	2.01%
14	事業内容	70.29	1.75%
15	加入保険	65.86	1.64%
16	賃金	53.24	1.33%
17	特記事項	52.36	1.31%
18	昇給	51.58	1.29%
19	必要な経験	50.79	1.27%
20	定年・再雇用	49.80	1.24%
21	学歴	47.24	1.18%
22	応募書類	44.53	1.11%
23	通勤手当	44.23	1.10%
24	賞与	40.43	1.01%
25	賃金形態	38.35	0.96%
26	選考結果	34.89	0.87%
27	備考	31.46	0.78%
28	賃金締切日・支払日	26.93	0.67%
29	入居可能住宅	24.77	0.62%
30	採用人数	24.28	0.61%
31	年間休日等数	20.75	0.52%
32	選考方法	20.70	0.52%
33	育児休業・介護休業	16.07	0.40%
34	資本金	15.35	0.38%
35	利用可能託児施設	15.31	0.38%
36	労働組合	13.86	0.35%
37	創業年	12.29	0.31%
38	資格・免許	9.39	0.23%
39	就業規則	7.39	0.18%
40	日時	6.80	0.17%
41	年齢	2.85	0.07%
計			89.02%

出典：独立行政法人労働政策研究・研修機構

図5-7　求人票における求職者・男性・30代以下の視線の動きの典型例

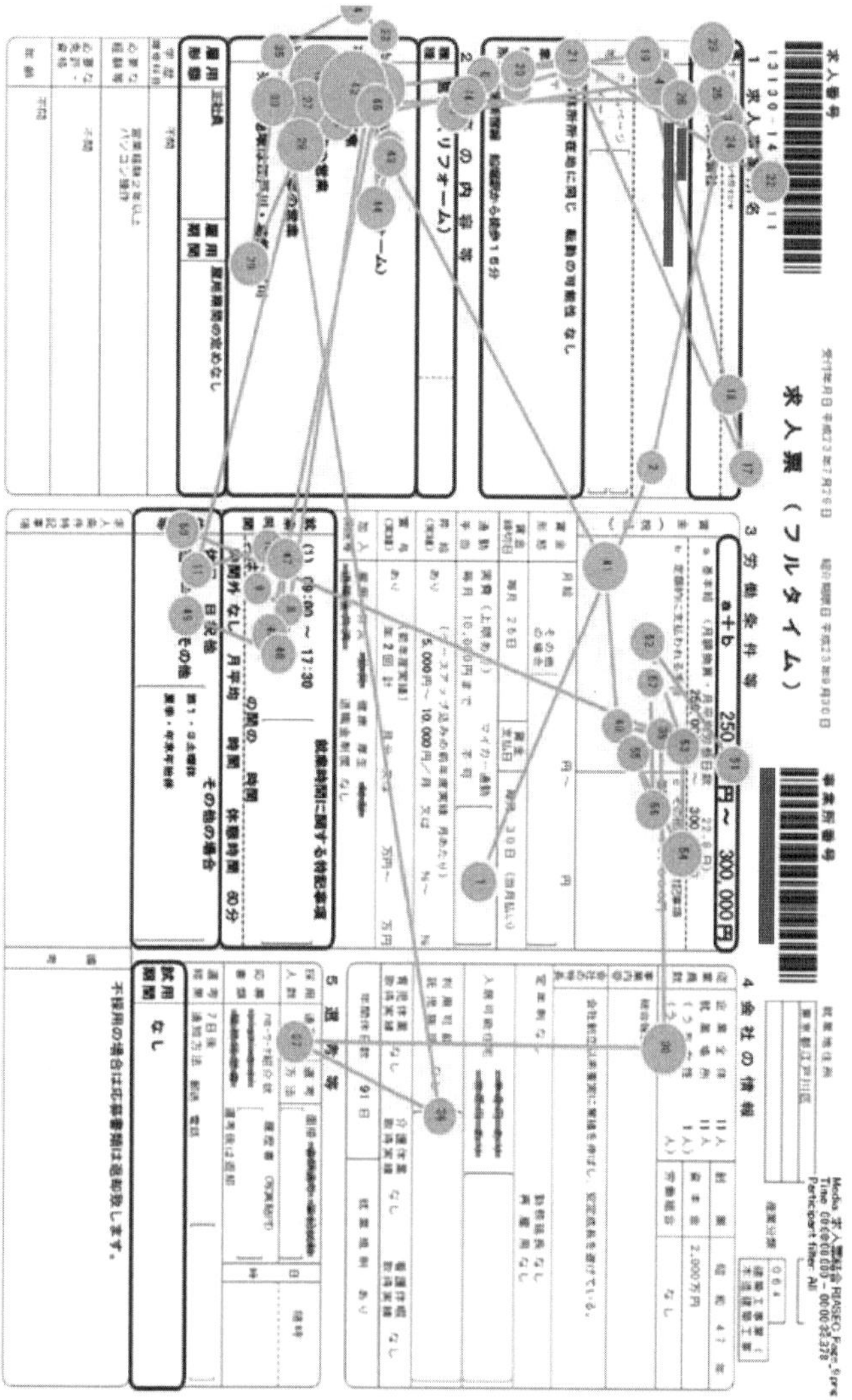

出典：独立行政法人労働政策研究・研修機構

図 5-8　求人票における求職者・女性・30 代以下の視線の動きの典型例

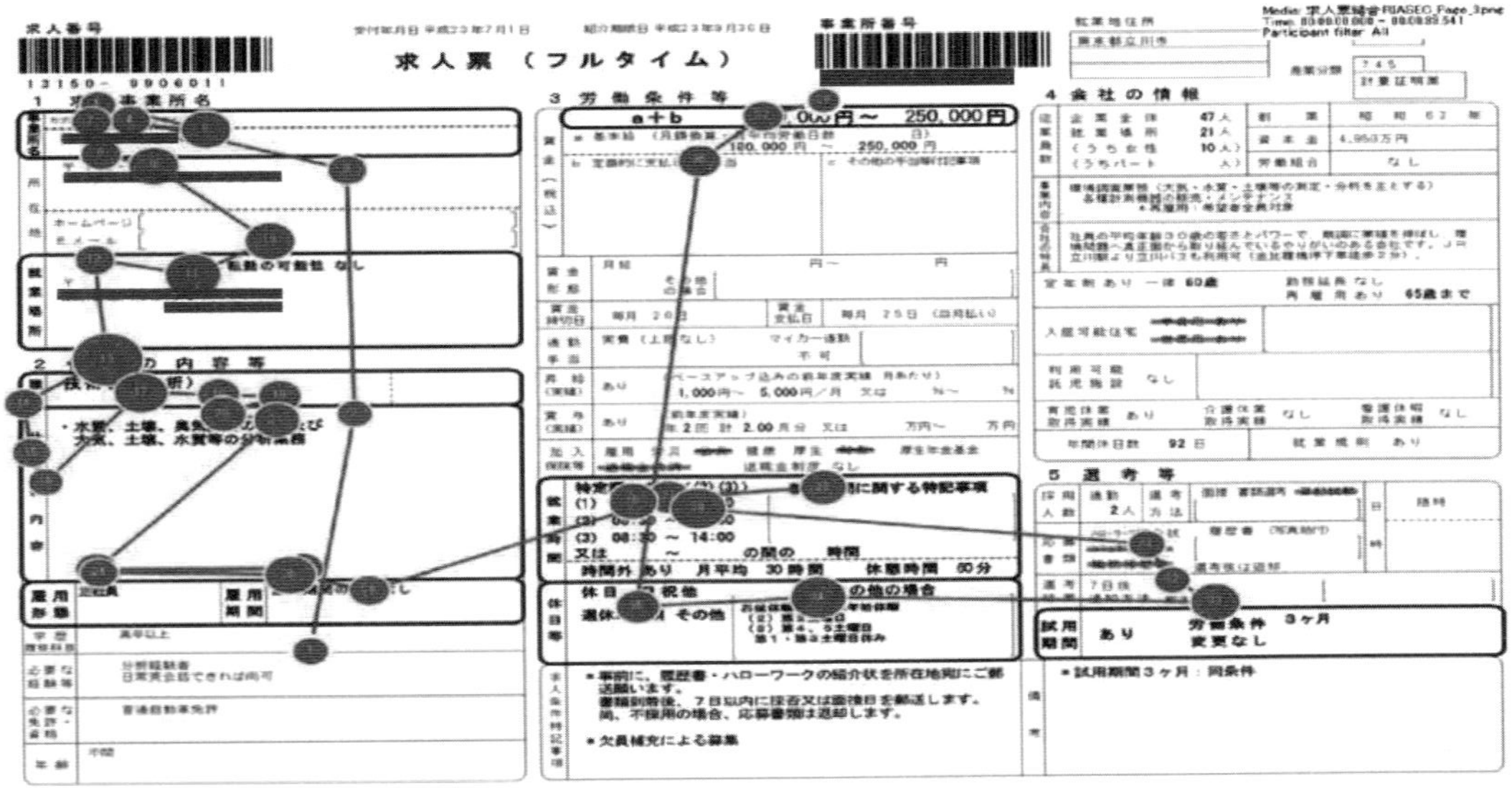

出典：独立行政法人労働政策研究・研修機構

求人票は平易で、わかりやすい言葉で作成するのが基本だが、絶対ではない

仕事の内容欄のポイントは、社内や業界の人にしかわからない用語を使うのをできるだけ避けることです。求人票は誰に向けて作成されているのかをもう一度、思い出していただきたいと思います。仕事探しをしている方はもちろん、ハローワークの職員や求職者の関係者の方々もご覧になるものです。それらの方が理解できるような、できるだけ平易な、わかりやすい用語で表記していただきたいと思います。

ただ、これも絶対ではありません。設定した「自社の欲しい人材像」が、経験者や有資格者などの場合は違ってきます。こういった方からすると、平易すぎる表現、仕事内容だと物足りなさを感じ、求人票の魅力を半減させてしまう可能性があるからです。「自社の欲しい人材像」にとってどう映るかという視点が重要ですね。

採用後の業務を変えることはできなくても、仕事の内容を高める方法

受付をする、電話応対をする、打ち合わせをする、企画書を作る、コピーをとる。このように仕事の内容だけを書き出すと、単なる作業になってしまうことがあります。これだけを見て仕事内容に魅力を感じるでしょうか。おそらく誰も魅力を感じないことでしょう。

募集する職種や採用後の業務を変えることはできなくても、以下のような視点で仕事の内容の本質や価値を見いだして、求人票の中で、自社の欲しい人材像に訴えていけば、自分自身がその会社で生き生きと仕事をするイメージを与えることができることでしょう。

- 仕事のやり甲斐《がい》や面白み。
- 仕事が生み出す価値や貢献。
- その仕事により、どんな人たちに、どう喜ばれるのか。
- その仕事がないとすれば、社会にどんな問題が起こるか。

（記載例）

- 顧問先企業さまの社会保険などの手続きや労務相談などを通じて、経営者やそこで働かれる人たちに安心感を届ける仕事です。
- 中古住宅が安全・快適になれば、お客さまはリーズナブルに安心して購入できます。空き家が減れば、地域の活性化にもつながります。我々の仕事は、お客さまの幸せだけでなく、社会貢献にもつながっているのです。

「仕事の内容」欄には仕事の内容以外のことも書いてよい

求職者の方が、最もよく見ているのは、「仕事の内容」欄であることをご紹介しました。であるならば、「仕事の内容」以外であっても、「自社の欲しい人材像」が最も重要視しそうな内容であれば、「仕事の内容」欄に記載することもありなのではないかと思います。

（記載例）

- 創業以来50年、地元で愛され続けてきた精肉店で商品加工から販売まで行っていただきます。経験のない方でも、肉のカットや盛り付けなどの加工技術をはじめ、商品知識、接客ノウハウなど「食肉のスペシャリスト」としての技術とノウハウを身に付けていただくことができます。前職が、飲食、工場、パチンコ店、派遣など異業種からの転職者も多く、中途入社の8割以上が未経験スタート。未経験者の方歓迎、経験者の方優遇します。

こちらは、地元の精肉店で商品加工から販売までを行う社員の求人を出した際の、「仕事の内容」欄です。本当は、精肉の経験者を即戦力として採用したいところなのですが、「自社の欲しい人材像」を設定してみましょうということになりました。

現在、自社で活躍している従業員の方について聞いていると、もともとはまったくの異業種からの転職組ばかりで、フリーターなど不安定な働き方をしていたような、そろそろ地元で技術を身に付けて正社員として働こうかなと考えている20～30代男性が多いとのこと。逆に、他社で経験がある方を採用しても、商品加工や接客方法にも変な先入観や固定観念があったり、「以前の会社ではこのようにしていた」などと、他社のやり方を押しつけたりしがちでトラブルになり、結局退職していったそうです。

これらのことを踏まえると、具体的な仕事内容を書き出したとしても、精肉加工の未経験者にはピンとこないであろうということから、地元で愛されている誰もが知る店で、今までのキャリアにかかわらず、これから技術を身に付けて正社員として働くことができると「仕事の内容」欄に掲載したのです。

「仕事の内容」欄にすべてを詰め込む必要はない

「仕事の内容」欄には、最大２９７文字記載できることをお伝えすると、「そんなに書くことはない」と感じる方もいらっしゃるのですが、仕事の内容とともに「自社の欲しい人材像」が知りたい情報を書こうとすると意外と足りなくなってくるものです。

例として、ある保険代理店の営業職を挙げてみます。

私が当初イメージしていた保険営業は、顧客の新規開拓、保険の提案というものでした。実は、実際、お話を伺っていくと、新規開拓という仕事は、数ある業務の中の一部であること、そのほかにもさまざまな価値のある仕事があることがわかりました。

どのような方が実際に活躍されているのか、売上は個人がメインなのか、法人がメインなのか、新規の顧客開拓以外にもどのようなことに注力しているのか確認してみたところ、会社として「売って終わりにしない」ということを大切にされているとのことでした。

定期的な保障内容の見直しやコスト削減の提案など、大きな、やり甲斐のある仕事もあり、充実感を味わえることがわかります。さらに、営業職ですので、自分で頑張った分はしっかりと数字に出る、評価されるということが重要なこともわかってきました。

スタッフの方にお話を伺っていますと、「給料は自分で決めたい」という、強い意志を持った方がたくさん活躍されていることもわかってきました。

このように進めていきますと、仕事の内容に盛り込みたいことがたくさん出てきます。そして、これらを記載しようとすると297文字はすぐにオーバーしてしまいます。

しかし、オーバーしてしまったからといって、記載することを諦める必要はありません。後述する「特記事項」欄や「備考」欄を活用することができます。これらの欄も活用することによって「自社の欲しい人材像」の知りたい内容を、漏れなく、魅力的に伝えることができます。

プチ経験者に響く意外なキラーフレーズ

先ほどの精肉店の仕事の内容にも出てきましたが、「経験のない方でも歓迎します」というフレーズがあります。

私がハローワークで職業紹介の仕事をしていたとき、求職者の方に、なぜこの求人を選んで応募しようと思ったのかを聞いていました。その際、シンプルなフレーズですが、意外と多くの未経験者の方が「経験のない方でも歓迎します」と記載があるので、自分でも頑張れるのではないかな、と思って選んだということでした。

実はこのフレーズが、経験者にも響いていることがありました。というのは、「これぐらいの経験は、経験者と言えるのだろうか？」、「経験はあるけどブランクがあって心配」という「プチ経験者」です。こうした方にとっては、経験者を求める求人に応募するのを躊躇される場合があります。逆に、未経験者歓迎の求人であれば、応募の段階で他の求職者とのアドバンテージになるのではないかと考えるからです。

私はいつもハローワークの求人票を見ていて感じることがあります。それは未経験者に配慮したメッセージは見かけるものの、経験者や資格を持っている人に向けたメッセージはほとんど目にしないのです。「プチ経験者」と言える方たちを「自社の欲しい人材像」に設定しているようであれば、これらの方の特徴や心理をイメージするとよいでしょう。

「仕事の内容」欄で最も重要なのは最初の72文字

私がハローワークに勤務しているころは、仕事の内容欄が81文字以上だと、統計的に採用が決まりやすい傾向があるということで、事業所の方のご理解を得ながらなんとか81文字以上にしようと苦心していました。

この81文字というのは国が統計的に導き出した文字数となりますが、仕事を探している方の視点で仕事の内容欄を見てみると、最初の72文字が特に重要であることがわかります。

（図5－9）は、ハローワークの求人情報端末で求人条件入力した後に出てくる「求人情報一覧表」です。仕事の内容欄を見ていただくと、この一覧表に掲載される仕事の内容欄は、1行18文字で4行の合計72文字です（求人情報端末の画面上では、1行12文字

図5-9　求人情報一覧表（見本）

求人情報一覧表

応募にはハローワークが発行する紹介状が必要です。面接を希望される方は総合受付へお申し出ください。

安定所名 [redacted]公共職業安定所
印刷日時 [redacted]
端末番号 [redacted]

No.	求人番号	事業所名/所在地/就業場所	職種	仕事の内容	必要な経験等	免許資格	年齢 企業規模	採用 人数	賃金 休日/週休二日制	就業時間	加入保険
001	13130- [redacted]	株式会社 [redacted] 東京都[redacted] 岐阜県[redacted]	ルートセールス<[redacted]市>	＊担当エリアの固定得意先（自動販売機）への巡回販売 １日２５～３０件、自動販売機へ商品補充、売上金回収、　空缶等の回収なら	不問	準中型自動車運転免許 （２ｔ車もしくは３ｔ車運転可能な免許	40歳以下 560人	3人	210,000円 ~275,500円 他 毎週	09：00～17：30	雇用 労災 健康 厚生
002	21010- [redacted]	[redacted] 株式会社 岐阜県[redacted] 岐阜県[redacted]	配送	○電気工事店や現場への商品の配送 ・配送範囲は、[redacted]市内及びその周辺地域になります。	不問	普通自動車免許（AT限定不可）	不問 133人	2人	167,100円 ~230,300円 日祝他 その他	08：15～17：15	雇用 労災 健康 厚生
003	21010- [redacted]	[redacted] 有限会社 [redacted] 岐阜県[redacted]	製造及び配達	ハードボード及びベニヤ（梱包材）の製造（加工）及び配達 ・現在大型自動車は保有しておりません	不問	普通自動車免許（AT限定不可）	不問 16人	1人	180,000円 ~230,000円 日祝他 その他	08：30～17：00	雇用 労災 健康 厚生
004	21010- [redacted]	[redacted] 岐阜県[redacted] 岐阜県[redacted]	業務全般	○量販店へ納品する花を加工して、配達して頂く仕事です。 ・花の加工とは機械で束ねて、袋に入れ	不問	普通自動車免許（AT限定可）	不問 20人	2人	200,000円 ~200,000円 火木他 毎週	13：00～21：00	雇用 労災 健康 厚生
005	21010- [redacted]	有限会社 [redacted] 岐阜県[redacted] 岐阜県[redacted]	配達及びルートセールス	○照明器具、電設資材の配達及び取引先へのルートセールス ※応募希望の方はハローワークより『紹	不問	普通自動車免許（AT限定不可）	35歳以下 5人	2人	170,000円 ~210,000円 日祝他 その他	08：00～18：00	雇用 労災 健康 厚生
006	23100- [redacted]	株式会社 [redacted]	ルートスタッフ（清涼飲料自販機の運営・管理）	・担当エリア（[redacted]県西部）の自動販売機を巡回し、商品の　補充、売上金の回収、機械の点検等をしていただきます	不問	普通自動車免許（AT限定可）	30歳以下 1,162人	2人	194,368円 ~219,128円 他 毎週	09：00～17：45 08：00～16：45	雇用 労災 健康 厚生 財形

001. [redacted]　002. [redacted]　003. [redacted]　004. [redacted]
005. [redacted]　006.

年齢：３０歳
就業場所：[redacted]市
就業形態：フルタイム　雇用形態：正社員　雇用期間：期間の定めなし　職種：ルートセールス

出典：ハローワーク

で6行の表示となります）。仕事の内容欄の最初の72文字が記載されるのです。ハローワークの求人情報端末で求職者が希望する求人条件を入力した後に出てくる一覧表で、どの求人の詳細を見るかを選ぶ画面となります。

求職者と御社の最初の出会いとなる「求人情報一覧表」の最初の72文字を意識して作成するのも効果的かもしれません。

「特記事項」欄と「備考」欄にも、何を書いてもよい

特記事項欄：1行27文字×8行＝216文字
備考欄　：1行26文字×8行＝208文字

「仕事の内容」欄が最も重要なスペースであるとご紹介しましたが、そこに記載しきれなかった情報は「特記事項」欄（図5-10）と「備考」欄（図5-11）に記載することができます。しかし、多くの求人票では、この424文字も活用できる「特記事項」欄

図５－10

求人申込書シート【裏面】20欄

20欄	求人条件にかかる特記事項

出典：ハローワーク

求人条件特記事項　記載例

求人条件特記事項	☆当社ホームページを見てまずはご確認ください。 ※年間休日１１２日（Ｈ２９年度実績） ※職場体験できます。具体的にお仕事がイメージできます。 ※年次有給休暇は就業日数に応じて比例付与します。 ※加入保険等は労働条件により異なります。 ※応募される方はハローワークから「紹介状」の交付を受けてください。【「求人票」は個々の雇用契約書ではありません。採用後の雇用条件等は面接時にご確認ください】

出典：「たのしい株式会社」求人票

図5－11

求人申込書シート【裏面】21欄

備　　　考	21欄

出典：ハローワーク

備考　記載例

備考	※全体研修会を通して楽しくスキルアップができます。研修後は恒例の食事会で飲みニケーション。毎回盛り上がっています！※社長３７歳男性。明るく楽しい人。ちょっとお人好しなので甘えすぎ注意です！※平均年齢３５歳。体に負担の少ない仕事だと職員からのウケは良い。※Ｈ２８年度介護福祉士試験、社内独学研修３名全員合格！※今回の募集は職員産休と新事業を立上げの為の増員によるものです。

出典：「たのしい株式会社」求人票

と「備考」欄がほとんど使われていません。いろいろと伝えたいことはあっても、「特記事項」や「備考」という項目の名称を見て、「これは果たして特記事項と言えることなのだろうか？」と記載することを迷ったり、そもそも「ハローワークの求人票には、余計なことを書いてはいけないのでは？」と自らブレーキをかけてしまう場合もあるようです。

確かにこの２つの欄には、ハローワーク側から必ず記載してほしい文言を指定されることがあります。逆に言えば、これら以外であれば自由に使ってもよいといえます。求職者にとって有益な情報を提供することは、マッチング機能の強化を図りたいハローワーク側の思いにも通ずるものですので、遠慮なく活用していただきたいところです。

「特記事項」欄と「備考」欄には、いいことのほかに、厳しい面ものぞかせること

物事の「良い面」ばかりを強調されると、かえって疑いたくなりませんか？　何でもそうだと思いますが、良い点ばかりを並べ立てられると、「何か良からぬことを隠して

はいないだろうか」、「うまいことを言われて、騙されたりはしないか」などと、かえって疑いを持ちたくなるのが人情というものでしょう。

例えば、採用面接をする会社の立場で考えてみると、求職者が、自分の「長所」をアピールすることに懸命になるあまり、「短所」などに一切触れないと、「どうして、そんなにすごい人がうちに応募してきたんだろう？」と勘繰りたくなることもあるでしょう。わざわざ会社の悪い点を暴露して、印象を悪くするようなことは、誰だってしたくないものですが、「良い点」、「悪い点」の両方を伝えるほうが説得力も増しますし、求職者からの信頼も得やすいということですね。

あえて、その仕事の厳しさや、この仕事に向いていない人を示すことで入社にあたっての心構えを持つことができ、結果的に、入社後に「こんなはずではなかった」というミスマッチを防ぐことにもつながります。これを踏まえた上で、ご注意いただきたい点としては、「悪い点」や「厳しさ」を言いっぱなしにしないことです。

例えば、ガソリンスタンドの店員であれば「屋外での立ち仕事がありますので、体を動かすことは覚悟してください」とだけで終わることなく、「ただし、セルフサービスの店舗は、給油の許可出しのためのボタン操作やモニターの監視などが主な業務なので、事務所内で座って仕事をすることもできます。年齢を重ねても働きやすいのが魅力です。現在、60代のスタッフも活躍しているほど。長く働ける職場なので安心して応募してください」というところまで、記載されていたらいかがでしょうか？　屋外での立ち仕事をしっかりと伝えた上で、それに対して、「自社ではどのような取り組みをしているのか？」、「先輩たちはどう感じているか？」などの事例を織り交ぜることで、説得力も増しますし、求職者からの信頼も得やすくなることでしょう。

自社のどんなところが「悪い点」や「厳しさ」なのか客観的な情報としては、よくある退職理由が参考になることでしょう。多くの方がその業界や職種に対して抱く「負のイメージ」を一度認めた上で、それに対しての自社の対策や考え方を示してフォローするのが良いのではないかと考えます。

職種ごとに「仕事の内容」だけでなく、「特記事項」欄と「備考」欄も変える

同じ会社でいくつかの営業、事務、施工管理など複数の職種の求人を出す場合がある

かと思います。そんなとき皆さんは、「特記事項」欄と「備考」欄はどうされていますか？　もっと言えば、「仕事の内容」欄しか変えていないということはありませんか？

もしも会社全体に共通することを「特記事項」欄と「備考」欄に記載するということであれば、変える必要はありませんが、私の経験では、「仕事の内容」欄だけでは記載しきれません。なぜなら、同じ会社であっても職種別に「自社の欲しい人材像」は異なりますので、それぞれに合わせたメッセージを伝えようと思えば、自ずと「仕事の内容」欄の２９７文字では足りなくなるのです。そこで「自社の欲しい人材像」の方が、どんなことを知りたいと考えているか参考にしていただける記載内容についてご紹介します。業種や職種、経験の有無などに合わせて選択していただければと思います。

（「特記事項」欄と「備考」欄への記載内容例）

研修期間中の賃金／モデル賃金（入社5年目　28歳　平均月収〇万円）／平均年齢／平均勤続年数／自社ホームページへの誘導／働いているスタッフが楽しい瞬間は何か／他の会社と違うところは何か／なぜ採用するか／社内のイベント／教育方法や期間／上司や仲間の情報／社長はどんな思いで会社を作ったか／社長は今後会社をどうしていき

たいか／未経験の可否／社内ルール（茶髪、ピアス禁止等）／新規と既存客の割合／営業スタイル／社会保険の加入について／仕事の難易度／先輩の前職／キャリアアップ、資格取得、技能取得／今後その会社でどのように成長できるのか／独立支援／社長の趣味／企業理念は？　その思いは？／長期休暇／休日はどのように決まるのか、希望は配慮されるのか／応募から採用までの期間／etc.

職種別にどんな点に気を付けて記載すればよいのか、聞き取りをすればいいのかも参考までに記載します。

（新聞配達スタッフの記載内容例）

朝夕刊 or 朝刊のみ or 夕刊のみ／WワークOK／扶養控除内勤務OK／月収例（朝夕刊 or 朝刊のみ or 夕刊のみ）／バイクの運転に対する不安の払拭／配達後の直帰は？／定年退職後、朝早い健康的な生活／50代の正社員も可、短時間で効率的に働く／毎日同じリズムで働けば大変じゃない／営業・集金に対する考え方（ノルマ・インセンティブ・営業手当）／地域との関わり・貢献、社会的な仕事の意義（ネット社会だからこそ新聞の価値見直し、高齢者の安否確認）／etc.

（自動車整備士の記載内容例）

自動車技術の最先端に触れられる／手に職がつけられる／お客さまから感謝される／「自動車ディーラー系の整備工場」と「民間の自動車整備工場」との違い／モデル賃金／営業に対する考え方（ノルマ・インセンティブ・営業手当）／接客、勤務時間・残業時間・休日／キャリアアップ（資格・昇格）／ありがとうをお客さまから頂ける笑い声の絶えないポジティブな仕事／平日休みの魅力／車と人が好き／休日の取り方も、社員同士で話し合って決めるので、家族の行事などプライベートな時間も大切にできます／年○回の賞与や社員旅行も！　利益はスタッフに還元、資格取得支援制度アリ！／○○の正規ディーラーとして長く働ける安定した基盤、転居を伴う転勤なし！　地域密着でキャリアが形成可能！　当社では「整備士」からメーカー独自の資格まで資格取得を強力にバックアップします／必要な費用はもちろん、講習・勉強時間も業務時間内に設けています／etc.

（オーダー枕販売スタッフの記載内容例）

快眠を求めて訪れるお客さまに最適な「枕」を提供する／お客さまの体型に合わせた

話題のオーダーメイド枕などをご提案／寝具の知識がなくても、丁寧な研修があるから大丈夫。入社後にオーダーメイド品やインテリア基礎に関する知識を学べます／当社の販売職は、売り込むのではなく、お客さまのお話を丁寧に聞くことが大切／お話から本当に必要な物を汲《く》み取って提案します／毎日の疲れは質の良い睡眠でしか回復できません／快眠を提案して健康をお届けするのが当社の使命／お客さまに信頼され、長く愛用していただきたいと考えています／etc.

大企業にはない優良な中堅・中小企業の魅力を考える

我が国の企業の99・7％は中小企業であると言われるように、ハローワークに掲載されている求人票の多くも中小企業となります。私がハローワークに勤務している際には、どのようにすれば「地元の優良な中小企業」を探して紹介することができるのかをずっと悩んでいました。業界や職種ごとの一般的な内容については説明できたとしても、実際にそこがどんな会社なのか、どんな仕事を任されるのかなどが、ハローワークの求人票からはまったく読み取ることができなかったのです。

ハローワークシステムに残されている情報や職員同士の情報の交換などでつかめる部分はあるものの、最終的には、「面接に行ったときにしっかりと聞いて来てくださいね」となってしまうことも多かったものです。

そんな当時、書店巡りをしていてある1冊に出合いました。それは『優良な中堅・中小企業への就職』という本でした。この本の中に、「大企業にはない優良な中堅・中小企業、自社の魅力を考える」という項目があります。その中で、7つの項目が大企業にはない、中堅・中小企業、自社の魅力として挙げられていました。この7つの項目が正しいかそうでないかの意見は個人によって分かれるかもしれません。ともあれ私は、この7つの項目にあたるような会社であることを具体的な事例や取り組みとともに示していければ、大企業にはない、魅力ある中堅・中小企業として、求職者に認識してもらえる可能性があるのではないかと考えたのです。

以下にご紹介する7つの項目の中で、自社の取り組まれている具体的な取り組み、事例、数値などを求人票に盛り込んでみてはいかがでしょうか。

（「大企業にはない優良な中堅・中小企業、自社の魅力を考える」内の7つの項目）
①経営者と従業員の距離がいい意味で近い
②人を育てる
③ワーク・ライフ・バランスの良い環境
④仕事の上流工程から下流工程まで把握できる
⑤1人ひとりの存在感がある
⑥企業の成長を体感できる
⑦安定的シェア
『優良な中堅・中小企業への就職』（雇用開発センター著／フォーメンズ出版）

「アットホームな職場です」はNGワード

求人票によく見かける「アットホームな職場」というキャッチフレーズですが、この言葉をインターネット検索してみると、なんと信用できない求人ワードの1つとして出てきます。実際にどうかは別の問題として、求人票に「アットホームな職場」と記載しただけでブラック企業との烙印を押されたのではたまったものではありません。なぜ信用できない求人ワードかといえば、「アットホームな職場」という表現が、曖昧かつ主観的であることではないでしょうか。入社して「アットホームな職場ではないな」と感じてしまえば、「騙された」となってしまいます。

ではどうすれば、「アットホームな職場」という表現以外で「働きやすさ」を求職者に伝えられるか考えてみましょう。その1つの方法として、「働きやすさ」を客観的に表す自社の取り組みや実績を掲載することが挙げられます。

例えば、次のような取り組みや実績を求人票に記載することで「働きやすさ」を伝えることができます。

- 3年後離職率（新卒入社者のうち3年以内に離職した人の割合）
- 平均勤続年数（離職率が少ない会社、安定している会社）
- 月平均残業時間、年平均有給休暇消化日数（働き方改革への取り組み）
- 女性の役員・管理職数（女性が働きやすい職場は、男性にとっても働きやすい職場）
- 公的機関からの認定や表彰（厚生労働省のユースエール認定、くるみん認定等）

ただ、実際の中小企業が、これらの取り組みや実績を記載することはハードルが高いというのが現状ではないでしょうか。そこで、おすすめしたいのが、各種自治体や行政などが取り組んでいる各種「宣言」への取り組みです。それぞれ知名度はさほど高くないものの、中小企業でも取り組みやすい敷居の低さが魅力です。

働きやすい職場作りに取り組む企業の姿勢を客観的な取り組み実績として示すことが期待できます。

（自治体や行政が取り組んでいる働きやすい職場作りを表す「宣言」の一例）

- 社員いきいき！元気な会社宣言（千葉県）
- 男女イキイキ職場宣言（秋田県）
- 女性活躍推進宣言（大分県）
- 仕事と家庭の両立応援宣言（宮崎県）
- 岐阜労働局新はつらつ職場づくり宣言（岐阜県）

（求人票への記載例）

- 岐阜労働局「新はつらつ職場づくり宣言事業所」です。毎週水曜日をノー残業デーとするなど、従業員と一緒に働きやすい職場作りを行っています。

第6章

他社と圧倒的な微差を作る13のポイント

1 〝欲しい人材〟が離れていくハローワークに登録された静止写真

（図6－1）の求人票の事業所番号の横に記載されている「（静）」という文字はいったい何を表しているのでしょうか。

この「（静）」という文字が記載されている求人票には、静止画、つまり写真が登録してあります。つまり、これは求職者の方に公開している求人票なのです。

ハローワークの求人票というと、文字だけでそっけないイメージですが、写真を事業所単位で10枚まで登録することができるのです（図6－2）。このサービス自体もハローワークが作製したパンフレットである「求人申込書の書き方」でも紹介されていますが、まだまだ認知度は高いとはいえません。（静）が記載されているにもかかわらず、どんな写真が登録されているか記憶にない会社は注意してください。つまり、会社が知らない（もしくは忘れている）写真を求職者は見て判断しているかもしれないのです。ハローワークの求人窓口でどのような「画像情報」が登録されているのかをまずはご確認ください。

パンフレットの中でも画像情報の例として紹介されているように、写真を登録している企業の多くは、会社の外観や作業風景、取扱商品、会社パンフレットが登録してあります。私は仕事柄たくさんの登録写真を見てきましたが、求人票と同じように、まだまだ各社とも手つかずの状態です。つまり、企業が伝えたいことや掲載しやすい製品の写真やロゴマークを使うのではなく、「自社の欲しい人材像」が知りたい情報で、文字だけの求人票では伝えきれない情報を写真として登録すると効果的なのです。

例えば、求職者は仕事内容や必要なスキルだけでなく社内の雰囲気、特にどんな人と一緒に働くのかを知りたがっています。以下のような写真を日ごろから撮影して準備しておくと良いでしょう。

〈画像情報のポイント〉

- どのような人と一緒に働くかがわかる写真（本人の同意は得ておくこと）。
- 働いている様子がわかる写真（できれば多くの方と一緒に写っているもの）。

例：仕事をしている体勢のまま顔だけカメラに向けて笑顔、真剣に打ち合わせをしている姿。

- イベントや飲み会の風景（仕事とプライベートは分けたい方、お酒が飲めない方へ

図 6-1　静止画像が登録してある求人票

受付年月日 平成29年12月21日　　紹介期限日 平成30年2月28日

求 人 票 （フ ル タ イ ム）

事業所番号 （静）

出典：「たのしい株式会社」求人票

図 6-2　静止画像の登録方法

（事業主の方へ）

事業所の画像情報を公開してみませんか

◆募集はしているが、なかなか応募がない…。

◆仕事の内容がうまく伝わらない…

こんなときは画像登録をすると

文字だけの求人票では伝えにくい、職場の雰囲気や仕事内容が具体的にイメージでき、求人選択の後押しとなります。

求人を検索するパソコンに、会社の外観や職場風景などの写真、会社案内やカタログ、ワード等で作成の先輩社員からのメッセージなどが登録できます。

求人票の仕事の内容欄に「事業所情報表示ボタンをクリックしてください。事業所のパンフレットや写真等をご覧いただけます。」の文言を表示し、求職者にアピールいたします。

会社の外観　職場風景　仕事で扱う機械　取扱商品　入社後のキャリアアッププラン　先輩社員からのメッセージ

【登録方法】

★1事業所につき、Ａ４サイズ・最大１０枚まで

①②いずれかの方法

①　デジタルカメラなどで撮影した写真（ＪＰＥＧ形式・画像）を下記のメールアドレスに添付ファイルとして送付。

※1枚につき「２メガ」まで（横 2,048×縦 1,536 ピクセル以内）

※画像登録用メールアドレス

ichinomiya-anteisho@mhlw.go.jp

（件名は、必ず求人画像（事業所名）としてください。）

②　企業案内パンフレットや作成資料など紙媒体の提出。

☆ご注意　掲載する画像情報は、肖像権や著作権に問題がないようにご留意ください。商品のＰＲになるような商業的な画像は掲載できません。

＊お問い合わせ＊　ハローワーク一宮　求人・企画部門

TEL：0586-45-2048（31#）　FAX：0586-43-5830

29.9

出典：ハローワーク一宮ホームページ

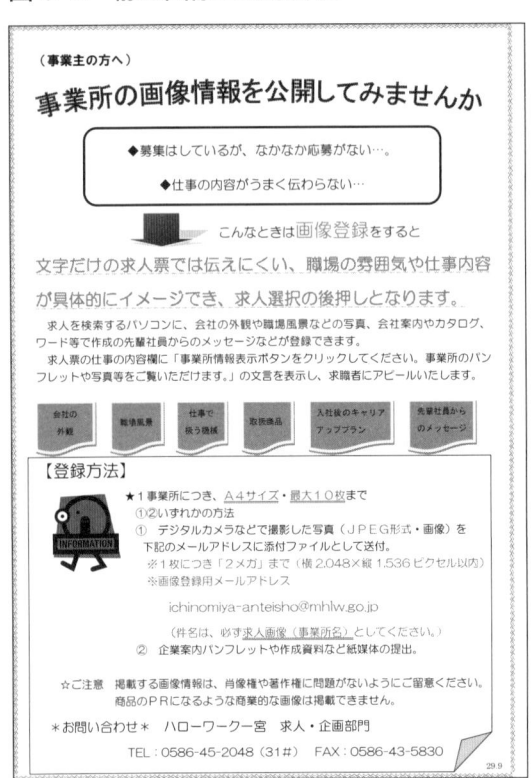

の配慮をする)。

・外観や内観写真、メニュー写真など働く環境がイメージできるもの。

今までは、1枚の写真としてどのような写真が良いかをお伝えしてきましたが、登録できるのは写真だけではありません。会社パンフレットのような紙で提供してスキャナーで読み取って登録することができるだけでなく、データでの提供が可能なハローワークであれば、JPEG形式にした情報を登録することができます。つまり、写真だけでなく、文字で解説を入れたり、加工したものも登録できるのです。

写真データを加工するというとハードルが高いように感じますが、例えばパワーポイントでプレゼンをする資料をイメージしていただいたらいいでしょう。

資料を作成する際は、福利厚生について、教育研修について、先輩社員の声、企業理念や想いなど、「自社の欲しい人材像」に向けて、10枚のプレゼン資料として作成します。パワーポイントで作成したデータは、保存をする際に、「ファイルの種類(T)」を「JPEGファイル交換形式」に選んで保存すれば、JPEGデータとして保存することが可能です。

図 6-3　パワーポイント風静止画像の例

（図６－３）は福利厚生について説明したページとなっています。

では、どのような形でこの画像情報が公開されているのでしょうか。実は、インターネット上では公開されていません。画像情報はハローワーク内に設置されている求人情報端末で見ることができます。

画面の下に表示されている「事業所情報表示」のボタンをクリックしていただきますと、登録された画像情報を見ることができます。

画像情報の登録方法は、それぞれのハローワークによって異なります。

画像情報の登録を希望される場合には、管轄するハローワークのホームページをご覧いただくか、直接ハローワークまでお問い合わせください。

2　最も効果的な求人の掲載日は、毎月2日である

求人申込書の記入が終わり、窓口にて無事に受理され、入力手続が終わると、ハローワーク内の求人情報端末には当日、そしてインターネットでは翌日に公開となります。

求人の公開期限についてご質問をいただくことが度々ありますので、最初に確認して

おきます。申し込まれた求人の有効期限は、原則として「翌々月末」となります（図6－4）。

例えば、受け付けが8月10日の場合、翌々月の末日が期限となりますので、10月31日まで有効となります。翌々月の末日までに採用が決まらなかった場合はどうなるかといえば、ハローワークでの掲載は終了となります。

「最近、ハローワークから応募がない」とおっしゃる事業所の方に「いつ求人を出されたのですか?」と聞いてみると、「1年前ぐらいかな」というのはよくある話です。自社の求人の有効期限は、求人票中央最上部に記載されていますので、あらかじめご確認ください。

引き続き求人を更新して出したい場合は、ハローワークにFAXや電話で気軽に手続きをすることができます。もし、切れ目なく求人を出し続けたい場合は、求人の有効期限の月末最終週あたりに事前に更新の申し出をすることもできます。

ここまでの仕組みを理解すれば、いつハローワークに求人を出すのが良いのかに関するヒントが見えてきます。といいますのは、ハローワークの求人票は、いつ出しても、翌々月の末日までが有効期間となります。採用が決まらなかった数多くの求人は、継続して求人を出そうと更新手続きをとるため、月初の求人はたくさん出されることになります。つまり、ライバルとなる求人がひしめき合うのは「月初」となります。求人は新しく受理したものから上位に表示されますが、同じ日に受理された求人は、その他大勢の求人の中に埋もれてしまう可能性があります。

これらのことを踏まえると、求人を出すのは月初ではなく、2日など日をずらすことで、その他大勢の求人票より上位で検索されることになります。

しかし、注意も必要です。求職者の方も意外と感覚的に、月初には新しい求人票が出てきたり、古い求人が消えて刷新されるイメージを持っているものです。月初から時期をずらすことに意識が向きすぎると、月初に求人を確認した方の選択肢に入らないというリスクが出てくるのです。

できるだけ上位検索されるのがベストではありますが、第5章でご紹介したように職種名を工夫することによって、その他大勢の求人票との差別化は十分できるのではないかと考えます。メリットとデメリットを理解された上でご活用いただければと思います。

図6-4　求人票の有効期限は、求人受付日の翌々月末までの最大3か月間

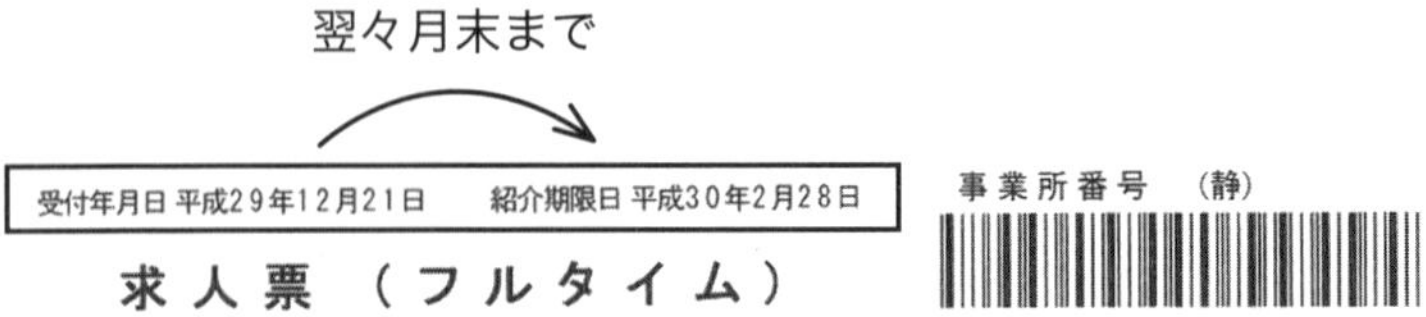

出典：「たのしい株式会社」求人票

3　ホームページにお金がかけられないなら無料のSNSを始めよう

皆さま方の会社でも新しく取引を開始する際には、取引先の情報を収集し、信用調査を行った上で、取引を開始するか否かを判断されているのではないでしょうか。

そんなときには、おそらく最初に取引先のホームページをご覧になることが多いでしょう。求職者も同じように、興味を持った企業の情報を収集し、応募するか否かを判断されていることでしょう。ホームページもまず間違いなく見られているといっても過言ではありません。

私自身、ハローワークの窓口で職業紹介をしていたときも「ホームページはご覧になりましたか？」と聞いていました。現役のハローワークの職員さんにも話を聞いてみたところ、同じように事前にホームページなどで企業研究をしてから応募するように伝えているとおっしゃっていました。

求職者が、ほぼ全員ホームページをチェックするとわかっているのであれば、ホームページを更新したり、ホームページ内に求人情報ページを作りましょう、となるところですが、時間もお金もかかり、中小企業にとってはその負担も大きいものです。

なるべく時間とお金をかけることなく、できる対策について考えてみましょう。

(1)ホームページのトップ画面だけでも更新する

インターネットを見ますと、作成してから一度も更新されていないという企業のホームページもよく目にします。求職者の立場からすると、本当に活動している会社なのかどうか心配になるものです。

ホームページの改訂には、時間もお金もかかるものですが、トップ画面の「新着情報」や「お知らせ」、「トピックス」であれば、それほどコストも時間もかけずに更新することができます。実際に私の事務所のホームページも内容は4年前からほとんど改訂していないのですが、トップ画面を更新しているだけで、「ホームページをよく更新されていますよね」と勘違いされることがあります。

なにも「新しい支店を出店した」「新しい機械を導入した」ということだけではなく、「夏季休暇のお知らせ」といった日常の案内だけでも効果があるものです。ホームページをご覧になった求職者の方に、その会社がしっかり存在してる、活動しているということが伝わるだけでも大きな一歩です。

(2) ブログやFacebookページなどのSNSを活用

ホームページを更新するのは難しい、もしくはホームページそのものがまだないという企業さまもいらっしゃいます。その場合にはブログやFacebookページなどのSNSはいかがでしょうか。

自社のホームページアドレスだけでなく、ブログ等のアドレスも求人票に記載することができます（図6－5）。

SNSを活用した採用活動についての説明は別に譲るとして、ホームページの代替として考えればSNSは手軽に始めることができます。SNSをご紹介すると、SNSをやる時間がないという声をよく聞きます。経営課題として認識されて優秀な人材を確保しようと決意されたのであれば、ぜひ、その期間だけでもSNSを更新する手間暇を惜しまないでいただきたいと思います。

何も社長自らやる必要はありません。ある会社では曜日ごとに部署や担当者を決めて、普段の仕事のことや社内イベントなどの紹介を気軽にしています。何気ない日常的な書き込みのほうが、会社のありのままの姿が伝わって、営業面でもプラスになっているという話も耳にします。

図6-5

事業所登録シート【裏面】6欄　ホームページアドレス記載

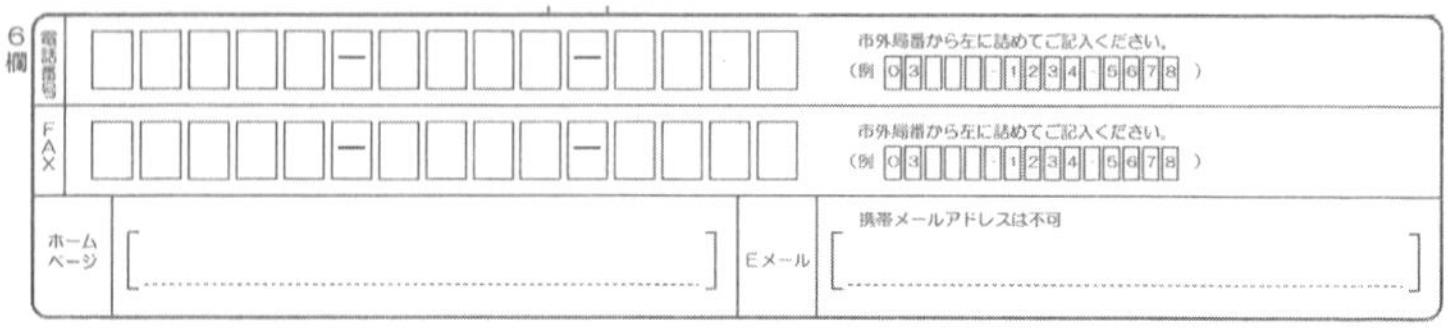
6欄

電話番号　□□□□□－□□□□－□□□□□
市外局番から左に詰めてご記入ください。
（例 03□□□-1234-5678 ）

FAX　□□□□□－□□□□－□□□□□
市外局番から左に詰めてご記入ください。
（例 03□□□-1234-5678 ）

ホームページ　[　　　　]

Eメール　携帯メールアドレスは不可　[　　　　]

出典：ハローワーク

求人事業所名　ホームページアドレス　記載例

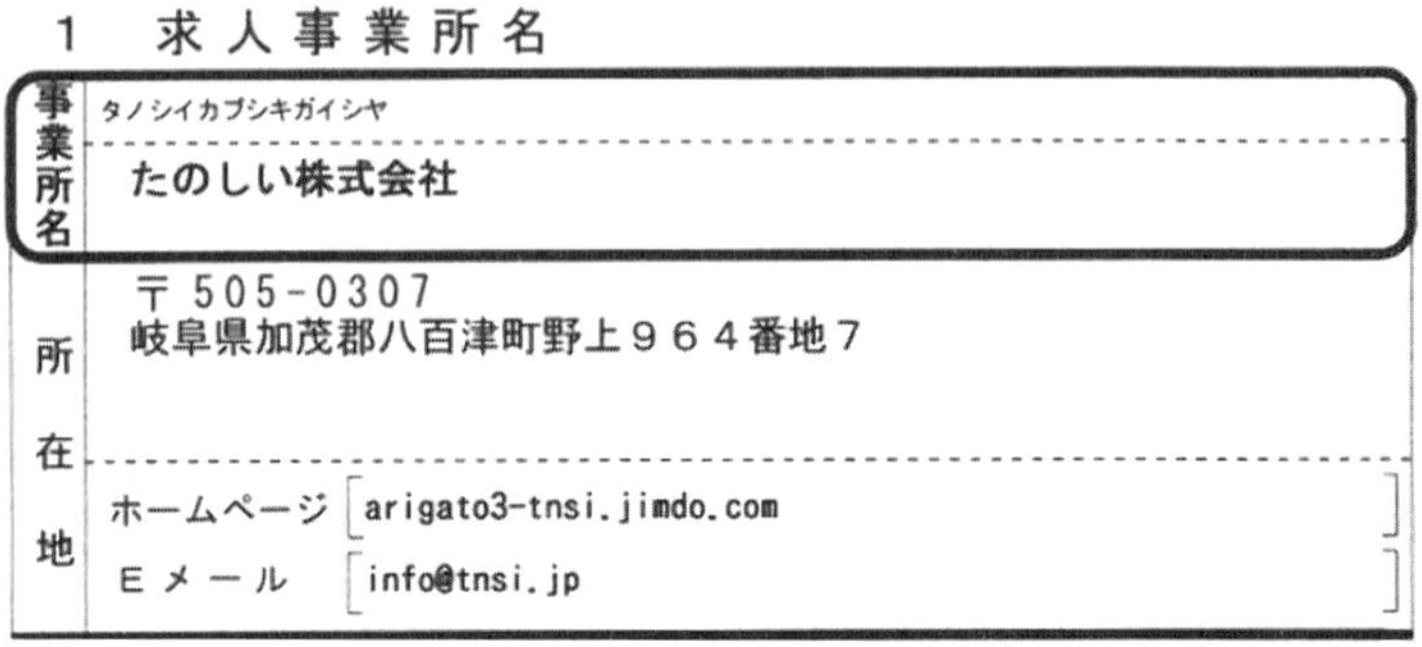
1　求人事業所名

事業所名
タノシイカブシキガイシヤ
たのしい株式会社

所在地
〒505-0307
岐阜県加茂郡八百津町野上９６４番地７
ホームページ [arigato3-tnsi.jimdo.com]
Eメール [info@tnsi.jp]

出典：「たのしい株式会社」求人票

現場の社員を巻き込んで、彼らが主体的にかつ「なんだか採用に関わっていて楽しい」という感覚を持って取り組んでくれるようになると、会社の採用力も向上していくことでしょう。

4　年齢制限しないことで優秀な人材が採用できる理由とは

ハローワークでは、「年齢に関わりなく均等な機会が与えられるよう、できるだけ年齢不問にしてください。もし上限等を設ける場合は、理由を明示した上で適正に定めてください」という趣旨のことを言われるかと思います。

ハローワークの求人で、実際、年齢を不問にしたところ、50代や60代など、自社が想定していない年齢層の方の応募が多いため、30歳まで、35歳までなどと年齢制限を求人票に明記する企業もあれば、明示しないものの独自の選考基準としている場合もあることでしょう（図6－6）。

ここでは法令遵守というよりも、年齢制限することによって優秀な人材を逃している可能性はないかという点で考えていきたいと思います。現代人の年齢は昔の八掛け、七

図6-6

求人申込書【表面】6欄　年齢

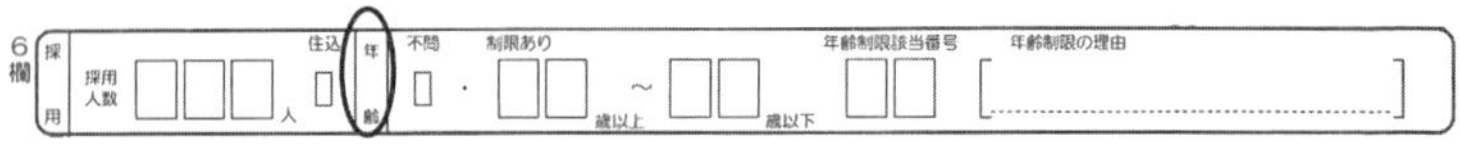

出典：ハローワーク

仕事の内容等　年齢

学歴 履修科目	不問
必要な経験等	不問
必要な免許・資格	普通自動車免許（ＡＴ可） （ホームヘルパー２級、介護福祉士、社会福祉士のいずれかがあれば尚可）
年齢	不問

出典：「たのしい株式会社」求人票

掛けとも言われたりします。テレビアニメの「サザエさん」の父の波平さんが54歳の設定であることは有名な話です。

いつまでも昔の年齢の感覚で門前払いをしてしまうのは考えものです。50歳でも30代のような若々しい方もいらっしゃれば、年相応の方もいらっしゃることでしょう。要は本人次第ということです。今まで年齢制限を30歳までと考えていた会社であれば40歳、40歳までと考えていた会社であれば50歳まで年齢制限を広げた上で、あとは人物本位で採用選考していくような形も検討されてみてはいかがでしょうか。

別の視点で、中小企業があえて年齢制限しないメリットについて考えてみます。転職市場の定説として、35歳を機に転職成功率が下がるという「35歳限界説」というものがあります。この傾向は大企業ほど大きいものです。強者（大企業）に力で劣る弱者（中小企業）はニッチな市場を狙って戦うことが定石とされますが、これを当てはめてみますと、大企業が35歳で一律に年齢制限をかけているとするならば、年齢だけで大企業の規格から弾《はじ》かれた優秀な人材を、35歳の年齢制限を外すことによって採用できる可能性が出てくる、ということになります。

「50代の方しか応募がないんだ」という会社の社長さんに、この話をしたことがあります。すると覚悟を決めたように55歳の方を採用されました。「自分の父親の年齢に近いぐらいの方だったので最初は心配したけど、うちの社員の誰よりも若々しくて、あと10年も働いてくれると考えたら、とてもいい採用だったよ」

5　年齢制限したいのなら、ハローワークに本音を伝えてみる

私がハローワークで職業紹介の仕事をしていたところ、求職者の方から応募希望があった場合には、原則としてハローワークから電話連絡をし、面接日時等を調整した上で、紹介することとなっていました。ハローワークで働く前は、私も人事の端くれとして採用にも関わっていたので最初はびっくりしたのですが、求人票には「年齢不問」としてありながら、ハローワークから求職者の紹介で事業所に電話をかけると、「仕方なく年齢不問にしているけど、○○歳以上の方は採用しないんです」と、はっきりとおっしゃる担当者の方が当時は意外と多かったのです。

先にもご紹介したように、年齢に関わりなく均等な機会が与えられるように指導するわけですが、先方がしぶしぶ応募を認めたとしても採用の可能性は限りなくゼロに近い

ものでした。このような経緯については、職員が閲覧するハローワークシステムの中にも記録されることもあります。同年齢の方が応募を希望される場合に、「以前、○○歳の方が応募しようとした際に、一度断られたようですよ」などと、今までの状況を求職者に説明することもありました。

求職者には、「応募しても無駄になるならやめておきます」という方もいれば、「年齢不問って書いてあるんだし、チャンスがあるなら応募します」という方もいます。ハローワークに対して本音を伝えておくことで、年齢を理由とする不採用をしなくても済む可能性が増すというかもしれない、という点ではメリットでしょう。しかし、ハローワークシステムにはそのような記録が残ることになりますし、職員や応募を検討された求職者にとっては、年齢だけを理由に門前払いをする「法令遵守の意識が低い企業」という烙印を押されかねませんので十分に注意が必要です。

6　未経験者と幹部候補、どっちも欲しいは、どっちも採れない

求人票に提示する賃金の幅についても、よくご質問をいただきます（図6－7）。し

図 6-7

求人申込書【裏面】14 欄　賃金

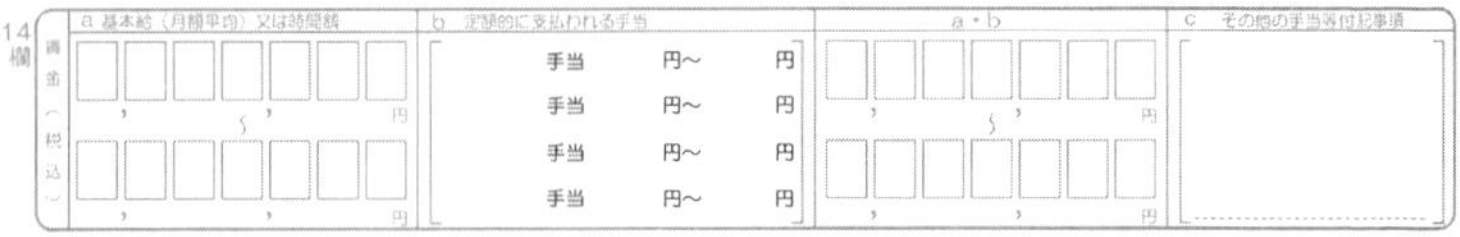

14欄	a 基本給（月額平均）又は時間額	b 定額的に支払われる手当	a＋b	c その他の手当等付記事項
賃金（税込）	， ， 円 ～ ， ， 円	手当 円～ 円 手当 円～ 円 手当 円～ 円 手当 円～ 円	， ， 円 ～ ， ， 円	

出典：ハローワーク

労働条件等　賃金　記載例

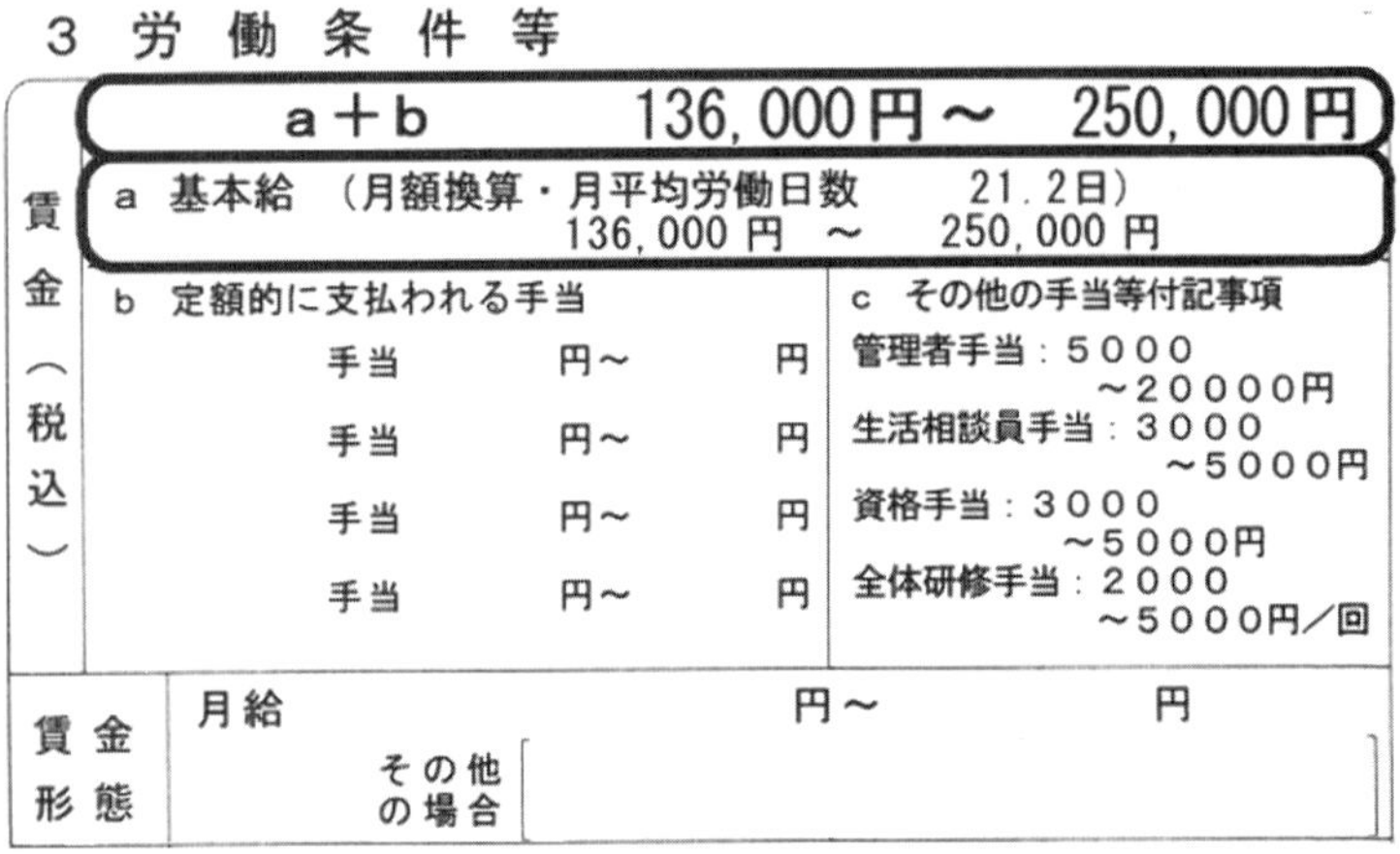

3 労働条件等

賃金（税込）	a＋b　136,000 円～　250,000 円 a 基本給（月額換算・月平均労働日数　21.2日） 136,000 円　～　250,000 円	
	b 定額的に支払われる手当 手当 円～ 円 手当 円～ 円 手当 円～ 円 手当 円～ 円	c その他の手当等付記事項 管理者手当：５０００～２００００円 生活相談員手当：３０００～５０００円 資格手当：３０００～５０００円 全体研修手当：２０００～５０００円／回
賃金形態	月給 円～ 円 その他の場合	

出典：「たのしい株式会社」求人票

かし、「自社の欲しい人材像」がはっきりしていれば、賃金の幅が大きすぎるということはあり得ないはずです。求職者の立場からすると、あまりにも賃金の幅が大きいと不審がられるというデメリットもあります。

実際問題として事業主の方にお話を伺うと、「経験者で優秀な方が来ればいくらでも払うし、もし仮に未経験の方であれば最低ラインからスタートするしかないね」というお答えをいただくことが意外と多いものです。

そんなときは、求人票を2つに分けてみてはいかがでしょうか。

未経験者用の求人票、経験者・幹部社員用の求人票と2つに分ければ、それぞれの層にアピールすることができます。

同じ職種名で募集することはできませんが、「営業」と「営業マネージャー候補」などのように分けることはできます。もちろん、この場合は少なくとも1名ずつは採用計画をしていただくことが前提とはなります。

このように分けることで、それぞれの「自社の欲しい人材像」にフォーカスした適正な賃金幅が提示できて求人票自体の信頼度も増し、仕事の内容も未経験者向けの平易な表現と、経験者・管理職向けだからこそ価値の伝わる情報を提供することもできるようになります。どっちでも欲しいは、どっちも採れないのです。

7　大企業とも互角に戦える昇給・賞与の記載法

求人票への昇給と賞与の有無については、前年実績を記載することになっています（図6－8）。したがって、初めて求人を出す場合などは実績「なし」となります。もし、業績や個人成績に応じて、今後、支給する可能性があるのであれば、こちらの欄は「なし」とした上で、求人票、特記事項欄などに「個人の成績、業績に応じて支給する」等との記載をする必要があります。「勤務成績により能力昇給あり・個人成績により売上歩合あり・昇給、賞与は会社業績及び、人事考課により支給」などと、より具体的に記載されたほうが信頼度が増すことでしょう。

賞与額などの実態をありのまま記載してしまうと、中小企業にとっては大きなハンデになってしまうという考え方から昇給・賞与の欄を「あり」「年2回」等にした上で、金額は空欄にすることもできますが、この場合、求職者が不安に思うこともありますし、過度な期待を持って入社する可能性もあり、入社後の大きなギャップともなりかねませ

図6-8

求人申込書【裏面】17欄　昇給、18欄　賞与

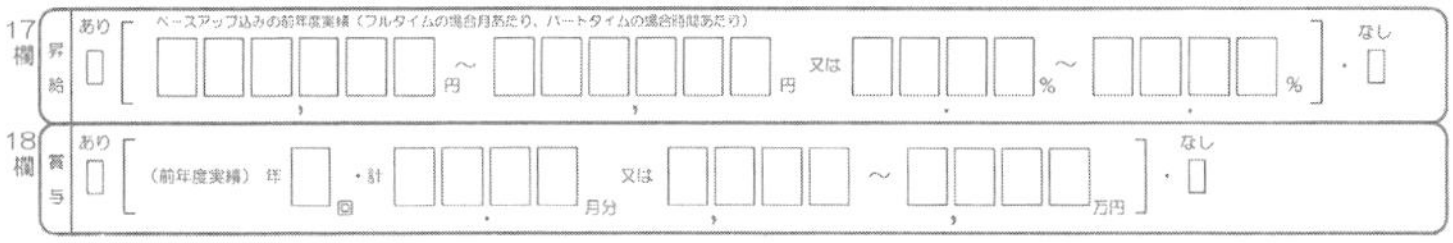

出典：ハローワーク

労働条件等　昇給・賞与　記載例

昇　給 （実績）	あり	（ベースアップ込みの前年度実績　月あたり） 円～　2,100円／月　又は　%～　%
賞　与 （実績）	あり	（前年度実績） 年1回 計　月分　又は　万円～　10万円

出典：「たのしい株式会社」求人票

ん。昇給・賞与の欄で、大企業とも互角に戦おうとすれば、「金額はあえて記載しない」という方法もあるかもしれませんが、そのリスクは認識する必要があります。

8 〝自社の欲しい人材〟が気になる勤務時間の掲載法

原則的な就業時間につきましては、就業時間欄の左側に記載します（図6－9）。そしていくつかパターンがある場合は、代表的なものは記載するほうがよいでしょう。そして、就業時間の補足をするような文言については、その左の「就業時間に関する特記事項」欄に記載できます。

例えば、「月末、月初は残業になることが多いです」などと、仕事を進めていく上で覚悟しておいてほしいこと、伝えておきたいことを記載することができます。仕事と育児を両立したい方をイメージしているのであれば、「急なお子さまの体調不良や学校行事の場合は応相談」というような気づかいをこのスペースで表すこともできます。

また、就業パターンがいくつかあるような場合は、「2週間ごとに本人の希望を考慮してシフトを作成」、「（1）（2）いずれか選択可。就業時間、日については応相談」等

図6-9

求人申込書【表面】7欄　就業時間

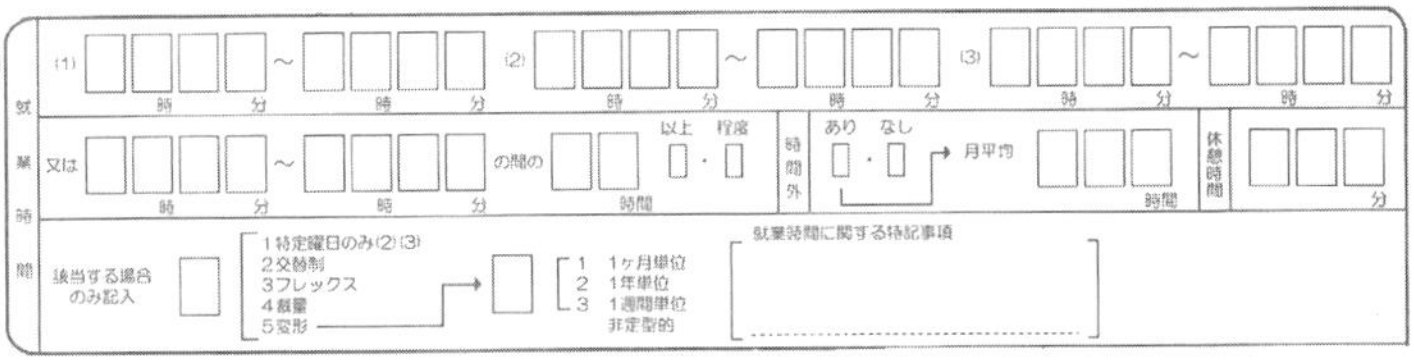
7欄
就業時間
(1) 時 分 ～ 時 分
(2) 時 分 ～ 時 分
(3) 時 分 ～ 時 分
又は 時 分 ～ 時 分 の間の 時間 以上・程度
時間外 あり・なし → 月平均 時間
休憩時間 分
該当する場合のみ記入
1特定曜日のみ(2)(3)
2交替制
3フレックス
4裁量
5変形
1 1ヶ月単位
2 1年単位
3 1週間単位
非定型的
就業時間に関する特記事項

出典：ハローワーク

労働条件等　就業時間　記載例

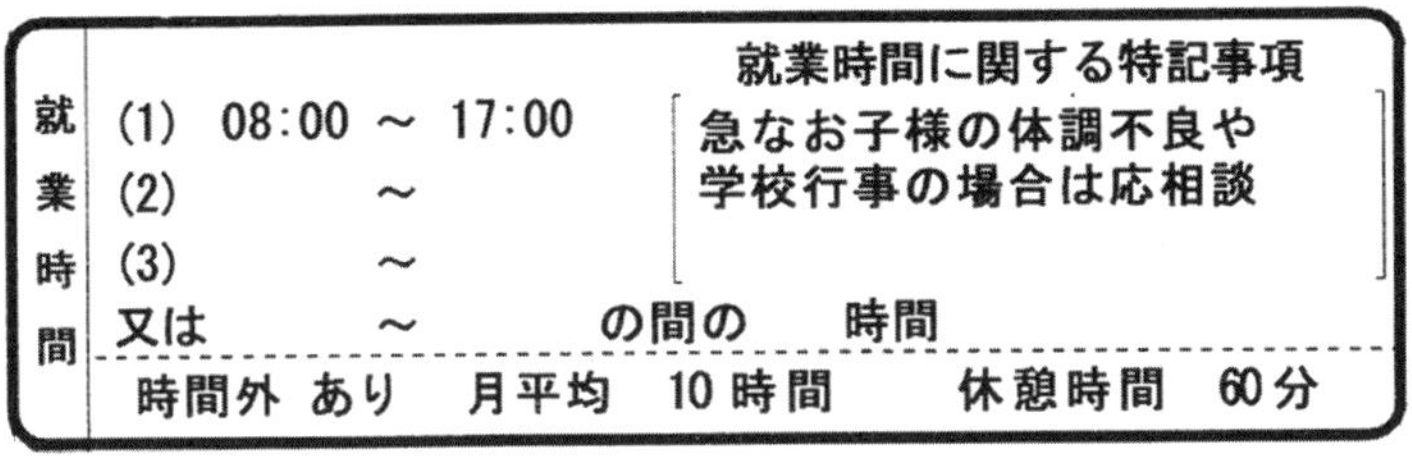
就業時間
(1) 08:00 ～ 17:00
(2) ～
(3) ～
又は ～ の間の 時間
就業時間に関する特記事項
急なお子様の体調不良や
学校行事の場合は応相談
時間外 あり　月平均 10時間　休憩時間 60分

出典：「株式会社匠建」求人票

と記載することができます。

9 年間休日数は細分化・具体化でイメージさせる

今の若者にとっては、先の「就業時間」とこの「休日」欄が最大関心事かもしれません（図6－10）。仕事探しをする上で、年間休日が何日以上あったらいいと思われますか。

労働者1企業平均　年間休日総数……108・3日
労働者30～99人の企業の平均……107・2日
（引用：厚生労働省『就労条件総合調査』〈平成29年度〉第4表）

これは、毎年厚生労働省が発表している調査から抜粋した年間休日数ですが、ご覧になって皆さんどのようにお感じになられたでしょうか。地方の中小企業の方の感覚からすると、「年間休日数の平均がこんなに高いの？」と感じられるのではないでしょうか。

図6-10

求人申込書【表面】8欄　休日等

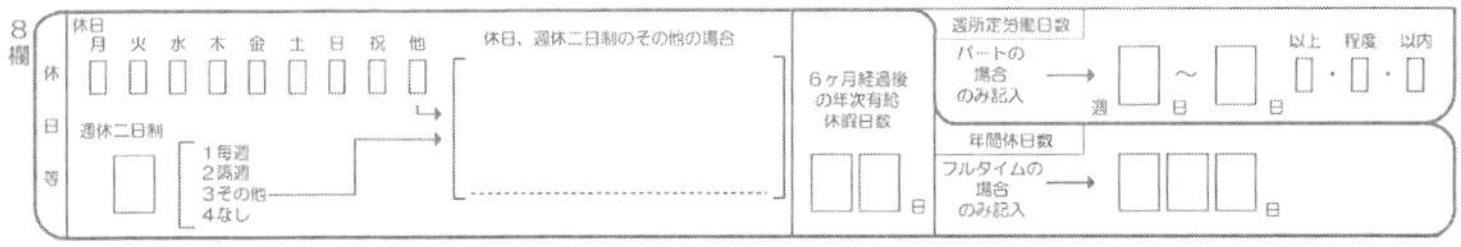
8欄
休日等
休日
月 火 水 木 金 土 日 祝 他
週休二日制
1毎週
2隔週
3その他
4なし
休日、週休二日制のその他の場合
6ヶ月経過後の年次有給休暇日数　日
週所定労働日数
パートの場合のみ記入 → 週　日～　日
以上・程度・以内
年間休日数
フルタイムの場合のみ記入 → 　日

出典：ハローワーク

労働条件等　休日等、会社の情報　年間休日数　記載例

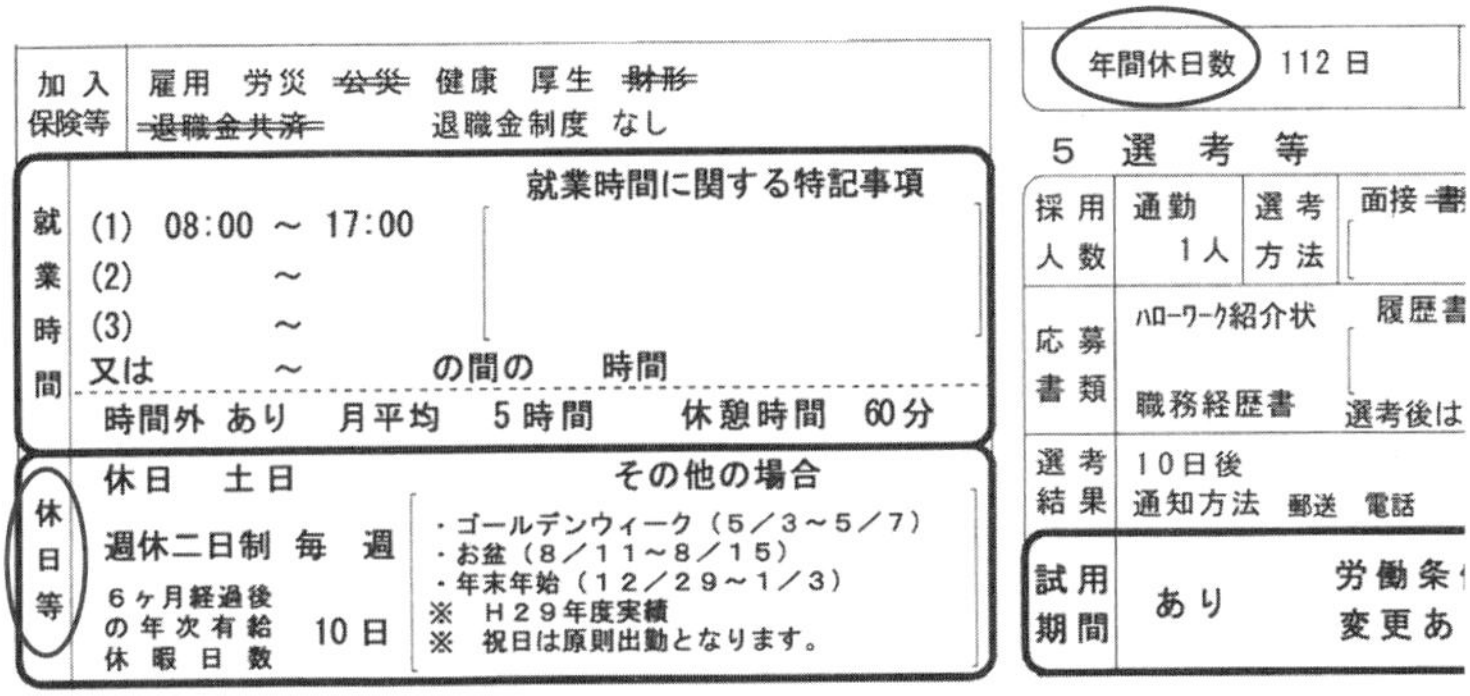
加入保険等　雇用　労災　~~公災~~　健康　厚生　~~財形~~
~~退職金共済~~　退職金制度　なし
就業時間　(1)　08:00 ～ 17:00
(2)　～
(3)　～
又は　～　の間の　時間
就業時間に関する特記事項
時間外　あり　月平均　5時間　休憩時間　60分
休日等　休日　土日
週休二日制　毎　週
6ヶ月経過後の年次有給休暇日数　10日
その他の場合
・ゴールデンウィーク（5／3～5／7）
・お盆（8／11～8／15）
・年末年始（12／29～1／3）
※　H29年度実績
※　祝日は原則出勤となります。
年間休日数　112日
5　選考等
採用人数　通勤　1人
選考方法　面接 ~~書~~
応募書類　ハローワーク紹介状　履歴書
職務経歴書　選考後は
選考結果　10日後
通知方法　郵送　電話
試用期間　あり　労働条
変更あ

出典：「たのしい株式会社」求人票

一方、求職者の方やハローワークの職員さんとお話をしていると、これぐらいの年間休日数は必要だという感覚を持っています。少なくとも100日以上は欲しいとおっしゃる場合も多い一方、「なんとなく年間休日は120日以上がいいかな」などとイメージが漠然としている求職者の方もいらっしゃいます。年間日数だけでは休日をイメージしきれないのです。

そこでおすすめしているのは、「休日等」欄の右側の「その他の場合」欄に、できるだけ年間休日数を細分化・具体化して求職者が実際の自分の休みがイメージできるように記載を行う、ということです。

求人票を見ていると、「休日の詳細は面接にて」、「休日は会社カレンダーによる」とだけ記載してある場合があります。しかし、そもそも休日の詳細がわからなければ、面接にも来てくれないですし、会社の人間しか知らない会社カレンダーでは、休日をイメージすることは不可能なのです。

求人票において休日は大変重要な情報のため、正確に記載しようとすれば、「会社カレンダーによる」となることは理解できますが、ここでは求職者にとってわかりやすさを優先させることも必要ではないでしょうか。

例えば、「毎週日曜休みのほか、隔週で土曜休み。ＧＷ（４／29～５／７）、夏季休暇（８／11～８／16）、年末年始休暇（12／28～１／５）」というように休みについての一般的なルールを明記した上で、「詳細は会社カレンダーによる」と書き添えると、求職者の方に具体的な休日のイメージを伝えた上で、正確な記載とすることもできます。

先の例では、工場やオフィス業務をイメージした記載例を示しましたが、飲食店や小売業で働く方にとっては、土日やまとまった休日を取得しにくいという一面もあることでしょう。これらの業界は年間休日が87日や96日と、１００日を割る求人票を見ることも珍しくありません。「できるだけ年間休日を増やしてください」と言うのは簡単ですが、今までぎりぎりの人員で運営してきた企業にとって、中長期的な課題として、年間休日数の増加については検討していただく必要もあります。しかしすぐに対応することは現実的には難しいでしょう。

それではここで、飲食店や小売業、年間休日が１００日を切ってしまうような場合のアピール方法、休日数の記載方法について考えていきましょう。

例えば、年間休日96日の会社が、毎月の休日数を８日以上と休みを設定しているとします。その場合には、「休日等」欄の右側の「その他の場合」欄に、「月８日以上の休日」と記載することができます。このように記載することによって、仮に、実際、休みが月に4日しか取れていないという方にとっては、月8日の休日はアピールポイントになり得ます。

所定年間休日が120日という会社でも、実際には休みが毎週日曜日しか取れていない場合もあると聞きます。そういった方々にとっては、実際に取得できない「年間休日120日」よりも、実際に取得できる「年間休日96日」のほうが説得力があるものです。年間休日数を並べただけではその違いは見えないものです。あまりスマートな記載方法ではありませんが、「休日数は決して多くありませんが、所定休日は確実に消化しています」という記載も面白いかもしれません。

また、シフト勤務の場合、就業時間と同じように、本人の希望を考慮してシフトが作成されているだけでなく、「月に1、2回であれば土日含めて希望を聞いているよ」という場合があったりします。これらのことも求人票に記載しないことには誰にも伝わりません。「詳細は面接で」ではなく、「詳細まですべて求人票で伝える」ぐらいの気持ちで作成されると良いかもしれません。

10 遠方の県外から3名の応募があった理由

ハローワークの求人票には、入居可能住宅の有無を記載する欄があります（図６－11）。入居可能住宅というと、自社所有の寮をイメージされることが多く、中小企業にとっては自社には関係のないことと考えがちです。しかし、この入居可能住宅というのは自社所有の寮だけでなく、一般賃貸を不動産業者から会社が借り入れて、その賃貸物件を社員に貸し出すものも含まれます。

「御社が本当に欲しい人材が応募してきたら、家賃の半分程度負担できますか？」

私はこのようによく事業主さんに尋ねるのですが、「本当に来てほしい人だったら家賃の半分ぐらいだったら払うよ」とおっしゃる場合がほとんどです。もし、その覚悟がおありなら、入居可能住宅欄を「あり」とすることをご検討されてみてはいかがでしょうか。

私がハローワークに勤務していたときのことですが、求職者の方がご希望の条件とは異なる求人にもかかわらず求人票を持参されることがあり、不思議に感じることがあったのですが、理由を聞いてみると、その方の仕事探しの最優先項目は、入居可能住宅の

図 6-11

求人申込書【裏面】12 欄　入居可能住宅

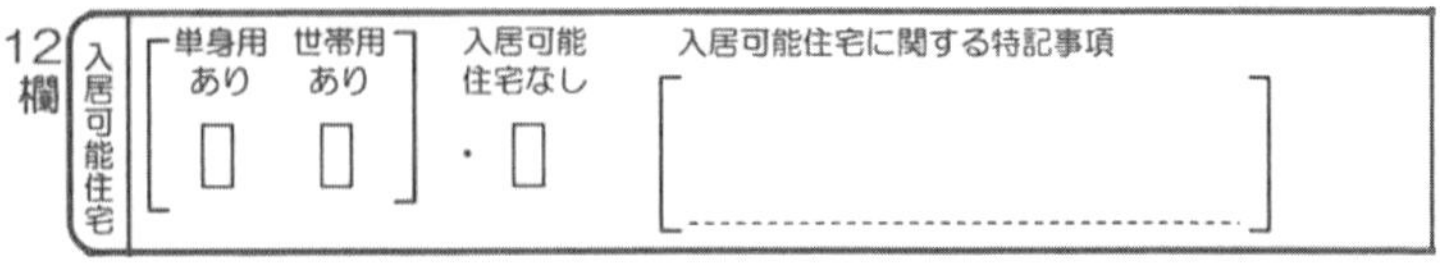

出典：ハローワーク

会社の情報　入居可能住宅　記載例

入居可能住宅	単身用 あり ~~世帯用 あり~~	採用後、会社規定により入居物件を選定します。詳細は、面接時にご相談ください。

出典：「たのしい株式会社」求人票

有無だったということが何度もあったのです。

確かに、中小企業の求人が多数を占めるハローワークの求人において、「入居可能住宅あり」の数は限られていますので、他の条件面が多少希望と異なっていても強力な志望動機となり得ます。ただ、地元の企業ではなく、入居可能住宅の有無を最優先にさせるような求職者というのは、「訳アリ」なのではないかといぶかるお気持ちもよくわかります。さまざまな事情を抱えている場合がありますので、後々のトラブルにならないように採用選考の際は細心の注意が必要かもしれません。

「魚のいないところで釣りをしても魚はとれない」のは求人も同じ。もし事業所の近隣では「人がいない」ということであれば、入居可能住宅や先に紹介した「Uターン・Iターン・Jターン」の記載等により、全国ネットワークであるハローワークのメリットを活用しながら、より広域から「自社の欲しい人材」を集めていくという視点も必要な時代になったのかもしれません。

「今までまったく応募がなかったのに急に県外から3名の応募があった。五十川さん、何かしたの？」と驚きと喜びの連絡をいただいたこともあるのですが、変更したのはまさにこの「入居可能住宅の有無」でした。

11 提出書類に職務経歴書は本当に必要ない（面接時のアンケートで代用できる）

パートやアルバイトの応募書類で職務経歴書が必須という場合があります。

パートだから必要ないというわけではなく、戦略的に職務経歴書の提出を必須にするということも実際あります。問題なのは、なぜ職務経歴書が応募書類として必要なのかを検討することなく、「なんとなく」出してもらっている場合です。

私がハローワークで求職者の就労支援をしていた際には、パート・アルバイトだけでなく、生産や販売、建設、介護等の業務に直接従事する職種の正職員を希望される方は、応募書類に職務経歴書があるだけで選択肢に入れてもらえないことが多々ありました。

パート・アルバイトや現業職の方にとって、「職務経歴書」は応募にあたって相当大きなハードルとなるのです。職務経歴書で、「今までの会社で何をしてきて、何ができるのか」ということを知りたいのであれば、面接で確認すれば足りることです。

私の場合、足りない情報については、面接時にアンケートとしてその場で記入していただいたり、後日郵送やＦＡＸ、メール等でお送りいただくような形で補ったりしています。そのようにしたほうが、求人企業が知りたい情報をピンポイントで確認できるからです。「自社の欲しい人材」はもしかしたら、「職務経歴書」を書くことはあまり得意ではないかもしれませんし、そもそもそういう能力は絶対条件ではないかもしれません。

また、ハローワークでは、求人企業向けに「求人票の書き方」というパンフレットを用意しているのと同じように、求職者向けには、「応募書類の作り方」や「職務経歴書の作り方」というパンフレットで書き方やひな形を提供しています。書類作成に慣れていない方や、初めて職務経歴書を作る方などは、これらを見ながら「仕方なく」作成する場合も多いのです。

もし、応募者自体がいないということでお悩みであれば、職務経歴書ではなく、面接時の確認やアンケートで代用したりすることもご検討ください。固定観念で必要と思っていた書類が意外と簡単に他で代用できて、さらに今までアプローチできていなかった「自社の欲しい人材」に出会えるチャンスが増える可能性も秘めています。

12　応募書類の処理1つでトラブルにも未来の顧客にもなる

不採用者の履歴書について法律による明確な規定がないため、本人へ返却するのか破棄するのかは企業側が選ぶことができます（図6－12）。

企業側が選ぶにもかかわらず、「不採用になった会社から履歴書が返却されない」という苦情が労働局やハローワークによく届けられます。それはなぜかと言えば、求人票の「応募書類の返戻」欄の「あり」にチェックが入っていたことを失念してしまっている企業が多いように見受けられるからです。

たかが応募書類の処理ではありますが、その影響は、不採用になった人の印象が悪くなるだけに留まりません。その方が将来、自社の顧客になったり、取引先の社員になるかもしれません。その対応が原因で両親や知り合いの見込み客も失うかもしれません。また今の時代ですと、ＳＮＳ等を通じて悪い口コミの源泉となってしまう可能性もあります。

求職者もまさか写真を剝がしたり、求人票を使いまわしたりすることはないと思いますが、「個人情報の漏洩《ろうえい》が怖い」、「返却された履歴書を見本にして新しい履歴書を作成

図6-12

求人申込書【裏面】19欄　選考

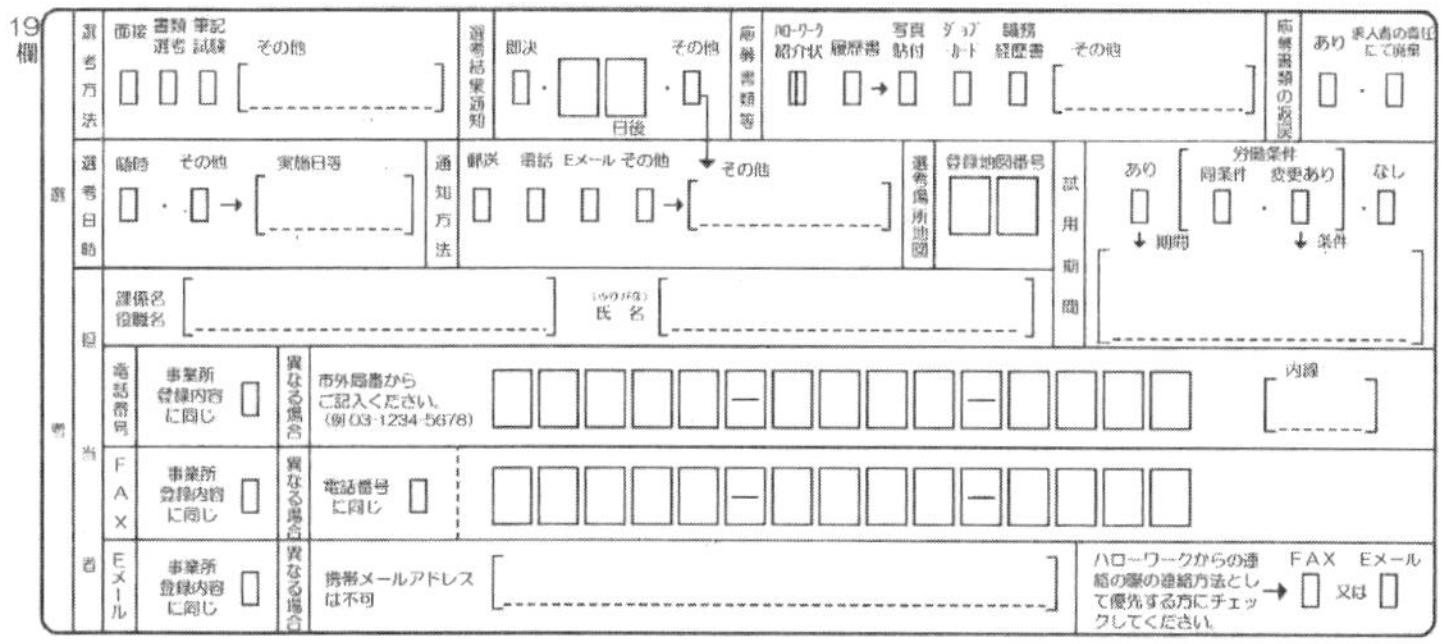

出典：ハローワーク

選考等　応募書類　記載例

5　選　考　等

採用人数	通勤 5人	選考方法	面接 ~~書類選考~~ ~~筆記試験~~	日時	随時
応募書類	ハローワーク紹介状 職務経歴書		履歴書（写真貼付） 国家資格原本持参 求人者の責任にて廃棄		

出典：「たのしい株式会社」求人票

したい」などという理由から返却を希望される場合があるものです。

企業側の手間とコストは馬鹿にはならないものの、応募して不採用になる方の心情と応募にあたってかけた労力に想いを馳《は》せ、不採用にされる方ほど、より慎重に、より丁寧に対応していきたいものです。

13 たった1箇所を見直すことで、応募者の質・量ともに劇的に変わる

求人票の右上に記載される職業分類（図6－13）は、通常、求人を出す企業は意識していない項目です。なぜなら、ここに記される職業分類コードは、職種名や仕事の内容を見て、ハローワークの各職員が判断して記載しているからです。今までの多くの事例や経験を基にして、そのほとんどは適切なコードがつけられていますが、中には仕事の内容の実態とはかけ離れた職業分類にされている場合があります。

職業分類が何を表しているのかは、スマートフォンやパソコンで簡単に検索することができます。例えば、「職業分類255－01」と検索をかけていただきますと、その職業分類が「秘書」であることがわかります。求人票に記載された職業分類と、その会社が

図6-13　職業分類

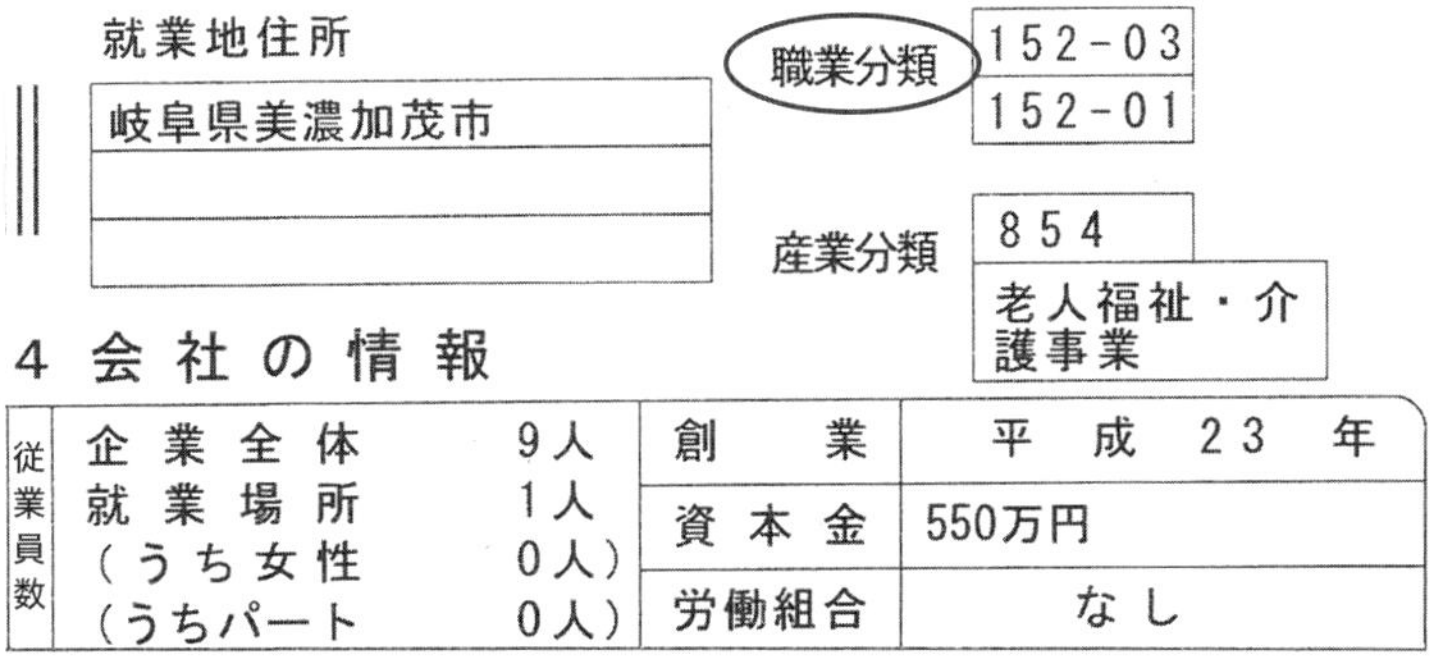

就業地住所

岐阜県美濃加茂市

職業分類　152-03　152-01

産業分類　854　老人福祉・介護事業

4 会社の情報

従業員数	企業全体　9人 就業場所　1人 （うち女性　0人） （うちパート　0人）	創業	平成23年
		資本金	550万円
		労働組合	なし

出典：「たのしい株式会社」求人票

※152-03→きゅう師
　152-01→あん摩マッサージ指圧

考えている仕事の内容とが一致しているかどうか、ぜひ確認してください。

もし、誤りがあるようであれば、多くの場合はハローワークの窓口に足を運んだり、電話をして事情を説明すれば修正することができます。

誤った職業分類が記載される原因としては2つ考えられます。1つは単純にヒューマンエラー、うっかりミスです。担当者の手打ち入力のため、打ち間違えてしまうという可能性は否定できません。「間違っているはずがない」ではなく、「人がすることなのでもしかしたらイメージしているものと違うかもしれない」という感覚が必要かもしれません。

もう一つ考えられるのは、ハローワークの職員が正しく職業分類できない場合があるということです。どういうことかといいますと、第5章で職種名の重要性についてお伝えしましたが、職種名を工夫しすぎると職業分類しづらくなるということが起こり得ます。

具体的には、「木造注文住宅の設計アシスタント」という職種名で出した求人があったのですが、1週間経ってもまったく応募者がいないとの連絡を受けて、求人票をチェックしてみると、職業分類が「091-01」となっていたのです。職業分類「0

91－01」は、「建築設計技術者」を示しており、建築設計士や建築構造設計技術者という職種がそれにあたるのですが、今回募集している職種のイメージとはかけ離れたものでした。

事情を説明して職業分類の変更するとほどなくハローワークから応募の連絡が入りました。その後、採用も決まり、現在は会社を支える女性社員として成長してくれていると喜びの声もいただいています。たかが「職業分類」ですが、こんな些細《ささい》なことで応募者の質や量が変わることがあるので馬鹿にできません。

おわりに

私のハローワーク求人における絶対法則であり、コンセプトは「他社と圧倒的な微差を作り出すこと」にあると考えています。「圧倒的な微差」というのは私の造語です。大企業と比べ経営資源の量・質で劣る中小企業が、求人の世界においても他社と単純に「圧倒的な差」をつけることは、ビジネスの世界と同じく困難なことです。

しかし、「自社の欲しい人材」を明確に定めた上で、本書で紹介した「微差」ともいえる取り組みを「圧倒的」に積み重ねていくことによって、同業他社だけでなく、相手が大企業であったとしても、決定的な大きな差、「圧倒的な微差」を作り出す求人票とすることができます。

もちろんハローワークだけで、採用に関する悩みがすべて解決するわけではありません。しかし、社会インフラの1つとも言ってもいい、無料で利用できるハローワークの仕組みを理解し、徹底的に活用することで、「自社の欲しい人材」を引き寄せる可能性が、まだまだ広がっていることを感じていただけたのではないでしょうか。

本書の読者の中には、企業経営者や採用担当者の方だけではなく、私と同じ社会保険労務士の方もいらっしゃることでしょう。私自身が、採用のお手伝いに関わることができる事業所はたかが知れています。ぜひ、本書の内容も参考にしていただきながら、地元の中小企業の魅力を一番身近で見ている社会保険労務士の先生方に、顧問先、関与先企業の魅力を掘り起こし、そして育て、求人票に表現していただけるのであればこれほど嬉しいことはありません。それこそが、私が自身のノウハウや経験を公開している理由とも言えます。

私自身もさらに経験や事例を積み重ねていくことで、企業や社会保険労務士の皆さまに、より価値のある情報を発信していきたいと考えています。小さな一歩からでいいのです。成果が出ましたら、ぜひ私にご一報ください。一緒に成果を喜び合い、新たな一歩につなげていきましょう。

最後に、ハローワーク採用という大変ニッチな分野にもかかわらず、出版という素晴らしい機会を与えてくださった誠文堂新光社の皆さま、特に担当していただいた青木耕太郎さまには、原稿が進まず悩んでいた私を温かく最後まで支えていただき、心から感謝しています。

　また、この本の企画段階からお力添えをいただきましたネクストサービスの松尾昭仁さま、本書に登場する多くの事例を提供していただきました事業所の皆さま、そして執筆を陰で支えてくれた私の家族に、この場を借りて厚く御礼を申し上げます。

　では、本書がハローワークを通じた企業と求職者の橋渡しの一助となることを祈りつつ、筆を置かせていただきます。

２０１８年6月
ウエルズ社会保険労務士事務所　代表
社会保険労務士　五十川　将史

購入者特典のお知らせ

本書の第4章でご紹介した「求人票929シート」「求人票補助シート」「求人票補助シート（記入例）」を五十川将史より特別にプレゼントいたします。
※各シートの使い方は、本文（第４章）をお読みください。

以下の「ハローワーク採用の絶対法則購入者専用ホームページ」にアクセスし、プレゼントをお受け取りください。
なお、アクセスするにはパスワードが必要です。

【ダウンロードサイト URL】

http://www.wels-sr.com/booktokuten/

パスワード：harowasaiyou

【QR コードからアクセスする】

QR コード読み取り機能のある携帯電話をお持ちの方は、
右記の QR コードを読み込み、アクセスしてください。

パスワード：harowasaiyou